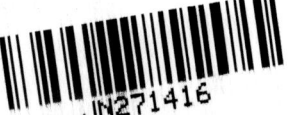

松尾直彦［著］

最新 インサイダー取引規制

Regulation for Insider trading

平成25年改正金商法のポイント

一般社団法人金融財政事情研究会

はしがき

本書は、平成25（2013）年６月19日に公布された「金融商品取引法等の一部を改正する法律」（平成25年法律第45号）に含まれているインサイダー取引規制の改正について、解説するものである。この平成25年インサイダー取引規制の改正は、平成26（2014）年４月１日に施行されるものと推察される。

平成25年インサイダー取引規制改正の内容は多岐にわたり、その柱は、①情報伝達行為・取引推奨行為に対する規制の導入、②上場投資法人の投資口のインサイダー取引規制の対象化、③公開買付者等関係者の範囲の拡大、④資産運用業者の違反行為に対する課徴金の引上げ、および⑤インサイダー取引規制の適用除外の拡大である。

改正事項のうち、①の情報伝達行為・取引推奨行為に対する規制の導入が最も注目され、実務的にも影響が大きいものである。その中核的な規定である改正金商法167条の２には、主観的要件が設けられているものの、取引要件が設けられていないために、不正な情報伝達行為・取引推奨行為が行われれば、取引が行われなくても、改正金商法167条の２に違反することになってしまう。銀行、証券会社、投資運用業者や保険会社などの金融商品取引業者等のみならず、上場会社も、改正金商法167条の２違反という違法行為を避けるためには、情報管理態勢の一層の強化を求められることになる。このような観点から、本書では、金融商品取引業者等の法人関係情報の管理態勢の強化策についても、取り上げている。

本書の出版にあたっては、一般社団法人金融財政事情研究会出版部の髙野雄樹氏にお世話になった。髙野氏は、緊急の出版にもかかわらず、迅速に作業いただいた。この場を借りて御礼申し上げたい。

平成25年インサイダー取引規制改正については、今後、その施行までに、政令・内閣府令や金融庁による解釈などが示されることになると思われるので、必要に応じて本書を改訂してアップデートしていきたいと考えている。

本書がインサイダー取引規制に関心のある多くの方々、すなわち上場会社関係者、金融機関関係者、投資関係者、法曹関係者や研究者などの方々のお役に立つことができれば、幸いである。

平成25（2013）年７月

松尾　直彦

【著者略歴】

松尾　直彦（まつお　なおひこ）

東京大学大学院法学政治学研究科客員教授
弁護士・ニューヨーク州弁護士（西村あさひ法律事務所）

1963年　岡山県生まれ
1981年　灘高校卒業
1985年　司法試験合格・国家公務員Ｉ種試験合格
1986年　東京大学法学部卒業
1989年　ハーバード大学ロースクール修了（LL.M.）
1990年　米国ニューヨーク州弁護士登録
1996年　最高裁判所司法研修所修了（第48期）
1986年－2001年　大蔵省（現財務省）など（銀行局、内閣官房、仙台国税局、大臣官房、国際局）
2001年－2002年　金融庁総務企画局政策課課長補佐（総括）
2002年－2005年　金融庁総務企画局国際課企画官
2005年－2006年　金融庁総務企画局市場課投資サービス法（仮称）法令準備室長兼政策課法務室長
2006年－2007年　金融庁総務企画局市場課金融商品取引法令準備室長兼政策課法務室長
2007年－2008年　東京大学公共政策大学院客員教授
2008年－　東京大学大学院法学政治学研究科客員教授
2009年－　弁護士（西村あさひ法律事務所）

[主要著書]

『アメリカ金融制度の新潮流』（金融財政事情研究会、1996年）
『一問一答 金融商品取引法』（商事法務、2006年（改訂版、2008年））（編著）
『実務論点 金融商品取引法』（金融財政事情研究会、2008年）（共編著）
『金商法実務ケースブックＩ 判例編』（商事法務、2008年）（共

編著）

『金商法実務ケースブックⅡ 行政編』（商事法務、2008年）（共編著）

『金融商品取引法セミナー 公開買付け・大量保有報告編』（有斐閣、2010年）（共著）

『Q&Aアメリカ金融改革法』（金融財政事情研究会、2010年）

『金融商品取引法コンメンタール4—不公正取引規制・課徴金・罰則』（商事法務、2011年）（共編著）

『金融商品取引法』（商事法務、2011（第2版、2012））

『金融商品取引法セミナー 開示制度・不公正取引・業規制編』（有斐閣、2011年）（共著）

凡　例

インサイダーWG報告書	金融審議会インサイダー取引規制に関するワーキング・グループ「近年の違反事案及び金融・企業実務を踏まえたインサイダー取引規制をめぐる制度整備について」（平成24年12月25日）
金商業等府令	金融商品取引業等に関する内閣府令
金商法	金融商品取引法
金商法施行令	金融商品取引法施行令
投信法	投資信託及び投資法人に関する法律
投信WG最終報告	金融審議会投資信託・投資法人法制の見直しに関するワーキング・グループ最終報告（平成24年12月７日）
取引等規制府令	有価証券の取引等の規制に関する内閣府令

目　次

第１章　平成25年インサイダー取引規制改正の概要

第２章　情報伝達行為・取引推奨行為に対する規制の導入

第3章 上場投資法人の投資口のインサイダー取引規制の対象化

第6章 資産運用業者の違反行為に対する課徴金の引上げ

第7章 インサイダー取引規制の適用除外の拡大

第8章 情報管理体制の強化

第1章

平成25年
インサイダー取引規制
改正の概要

1 現行のインサイダー取引規制の概要

(1) 2類型のインサイダー取引規制

現行の金商法におけるインサイダー取引（内部者取引）規制には、①会社関係者などのインサイダー取引規制（金商法166条）、および②公開買付者等関係者などのインサイダー取引規制（金商法167条）の2類型がある。

日本のインサイダー取引規制の特徴は、その構成要件の細目が基本的に法令で明確かつ具体的に規定されていることである。これは、「具体的構成要件方式」または「形式主義」と呼ぶことができる。

(2) 会社関係者などのインサイダー取引規制

会社関係者などのインサイダー取引規制の構成要件の概要は、次のとおりである（金商法166条1項・3項）。

① 「上場会社等」の「会社関係者」または第1次情報受領者であって、

② 「上場会社等」にかかる「業務等に関する重要事実」を

③ 知ったものは

④ 当該「業務等に関する重要事実」の「公表」がされた後でなければ

⑤　当該上場会社等の「特定有価証券等」にかかる「売買等」をしてはならない。

上記①の「上場会社等」は金商法163条1項、「会社関係者」は金商法166条1項、上記②の「業務等に関する重要事実」の定義は同条2項、上記④の「公表」は同条4項、上記⑤の「特定有価証券等」は金商法163条1項、「売買等」は金商法166条1項において、それぞれ具体的に定義されている。

一方、金商法166条6項では、会社関係者などのインサイダー取引規制の適用除外が定められている。

(3)　公開買付者等関係者などのインサイダー取引規制

公開買付者等関係者などのインサイダー取引規制の構成要件の概要は、次のとおりである（金商法167条1項・3項）。

①　「公開買付者等関係者」または第1次情報受領者であって

②　「上場等株券等」の

③　「公開買付け等」をする者（「公開買付者等」）の

④　「公開買付け等の実施に関する事実」または「公開買付け等の中止に関する事実」を

⑤　知ったものは

⑥　当該公開買付け等の実施に関する事実または公開買付け等の中止に関する事実（「公開買付け等事実」）の「公表」がされた後でなければ

⑦　「株券等」にかかる「買付け等」または「売付け等」

をしてはならない。

上記①の「公開買付者等関係者」、上記②の「上場等株券等」ならびに上記③の「公開買付け等」および「公開買付者等」は金商法167条１項、上記④の「公開買付け等の実施に関する事実」および「公開買付け等の中止に関する事実」は同条２項（これらをあわせた「公開買付け等事実」は同条３項）、上記⑤の「公表」は同条４項、上記⑦の「株券等」、「買付け等」および「売付け等」は同条１項において、それぞれ定義されている。

一方、金商法167条５項で、公開買付者等関係者などのインサイダー取引規制の適用除外が定められている。

⑷　インサイダー取引に対するエンフォースメント（法の実現）

①　課徴金

インサイダー取引規制（金商法166条１項・３項、167条１項・３項）違反行為を的確に抑止し、規制の実効性を確保する観点から、当該規制に違反して売買等または買付け等・売付け等をした者については、課徴金の対象とされている（金商法175条）。平成16年証取法改正により導入され、平成20年金商法改正により課徴金水準の引上げなどの改正が行われた。

②　刑事罰

インサイダー取引規制（金商法166条１項・３項、167条１

項・3項）違反の罰則は、「5年以下の懲役若しくは500万円以下の罰金又は併科」であり（金商法197条の2第13号）、法人両罰は5億円以下の罰金である（金商法207条1項2号）。

2 平成25年インサイダー取引規制改正の経緯と施行

(1) 改正の経緯

平成25年金商法改正によるインサイダー取引規制の改正は、①金融審議会における検討、②金融庁による改正法案作成と内閣による法案の閣議決定と国会提出、③国会における改正法の成立、および④官報における改正法の公布という経緯を経ている。

具体的には、上記①として、平成24年12月7日に金融審議会投資信託・投資法人法制の見直しに関するワーキング・グループ最終報告が公表され、同年12月25日に金融審議会インサイダー取引規制に関するワーキング・グループ「近年の違反事案及び金融・企業実務を踏まえたインサイダー取引規制をめぐる制度整備について」が公表されている。

上記②として、平成25年4月16日に「金融商品取引法等の一部を改正する法律案」の閣議決定および国会提出が行われている。

上記③として、当該法案は、同年5月28日に衆議院本会議で可決され、同年６月12日に当該法案が参議院本会議で可決され、「金融商品取引法等の一部を改正する法律」（以下「平成25年金商法等改正法」という。）が成立した。

参議院財政金融委員会の附帯決議（平成25年６月11日）において、「公募増資に関連したインサイダー取引事案が、我が国市場の透明性、公正性に対する信頼を揺るがすものであることに鑑み、不公正な取引等を未然に防止するべく、自主規制機関や金融商品取引所を含めた関係者との連携を図りつつ、本法による規制の運用に万全を期すこと。」について、政府は十分配慮すべきであるとされている。

上記④として、同年６月19日に、官報において平成25年金商法等改正法が公布された（平成25年法律第45号）。

⑵ 施　行

平成25年金商法等改正法に含まれる金商法改正によるインサイダー取引規制改正は、「公布の日から起算して１年を超えない範囲内において政令で定める日」から施行される。具体的には、平成26年６月18日までの範囲内において政令で定める日から施行されることになる。おそらく平成26（2014）年４月１日に施行されるものと推察される。

平成24年９月12日に公布された「金融商品取引法等の一部を改正する法律」（平成24年法律第86号）に含まれる平成24年金商法改正によるインサイダー取引規制改正が、平成25年９月11日まで（具体的な施行日は政令指定。９月上旬予定）に施行されることになるので、金融庁は、おそらく当面は、平成24年金商法改正の施行に向けての作業（平成25年6月27日に政令案・内閣府令案等のパブリックコメント）を優先的に行うことになるものと推察される。

3 平成25年インサイダー取引規制改正の趣旨

(1) 平成24年証券取引等監視委員会課徴金事例集における説明

証券取引等監視委員会事務局「金融商品取引法における課徴金事例集」（平成24年7月。以下「平成24年課徴金事例集」という。他の年の課徴金事例集も同じ。）では、「内部者取引に対する課徴金勧告事案の特色」として、次のとおり説明されている（同事例集6頁～8頁）。

① 違反行為者の属性

「平成20年度までの各年度においては、関係者（注：会社関係者及び公開買付者等関係者）が行った事案の件数が、情報受領者（注：関係者から情報伝達を受けた者である第1次情報受領者）が行った事案の件数を上回っていたが、平成21年度に情報受領者が関係者を上回って以降も同様の傾向が見られる。」

②　内部者取引における情報伝達者の属性

「平成23年度においては、内部者取引防止に向け、内部管理態勢の構築を積極的に推進すべき立場にある上場会社等の役員や当該会社の業務における重要な事項を職務上知り得る立場にある職員（部長クラス等）が、不用意に自社の内部情報を社外の者に伝えたことにより、内部者取引が行われた事例が見受けられた。」

「特に、秘密保持の誓約書・確認書に署名・押印しているにもかかわらず、情報を伝達した事例があったことは、大変遺憾である。

会社の内部情報に接触する機会のある者は、当該情報に基づいて株取引を行わないことはもとより、当該情報を絶対に他人に漏らさない、他人を違反行為者にさせないことを心掛けなければならない。また、取引先との契約関係において得た内部情報についても、同様である。」

③　上場企業等の内部管理態勢の状況

「発行会社に、自社株に係る取引の管理制度（許可制）が定められていたにもかかわらず、必要な申請がなされておらず、内部者取引が行われた事例が見られた。

また、内部者取引管理に関する規定が未整備であり、情報管理責任者も設置されていない等、情報管理に不備が認められる会社において、内部者取引が行われた事例が見られた。

内部者取引を未然に防止するためには、情報管理を含めた内部管理態勢の構築が必要不可欠である。上場企業等においては、内部管理態勢の構築により厳格に情報管理を行っていただくことを強く促したい。」

(2) 平成24年証券取引等監視委員会年次報告書における説明

証券取引等監視委員会「証券取引等監視委員会の活動状況」(平成24年6月)では、「大型公募増資を巡るインサイダー事案への対応」として、次のとおり説明されている(同報告書144頁・145頁)。

「平成22年夏以降、わが国上場企業により実施された複数の大型公募増資において、公募増資公表前から取引高が増え、株価が下落する傾向がみられた。これに対し、内外のメディアから、インサイダー取引の疑いを指摘するとともに、わが国市場の信頼を損なう重大な問題として実態解明の必要性を指摘する報道が相次いだ。本件は、従来の摘発事例に見られる新興市場銘柄に対する個人投資家によるインサイダー事案とは性格が異なり、大型銘柄に関し、多額の取引を日常的に行う内外プロ投資家の関与が疑われる事案等であることに鑑み、証券監視委(及び関東財務局)は、東京証券取引所と連携して、迅速な取引審査を図るとともに、その後、新たに設置された国際取引等調査室において、海外当局に協力を求めながら、この問題に対する実態解明に努めてきたところである。

その結果、大型公募増資の公表前に、主幹事証券会社から、営業の一環として情報の伝達を受けたプロの大手機関投資家が行ったインサイダー取引に対し、課徴金納付命令勧告が行われた…ほか、証券検査においても、証券会社における法人関係情報の管理等に係る検証が進められた。証券監視委は、引き続き、海外当局とも連携しながら、実態解明に努めている。」

(3) インサイダーWG報告書における説明

平成25年インサイダー取引規制改正の趣旨について、インサイダーWG報告書では、次のとおり説明されている。

「インサイダー取引規制は、企業の内部情報を知り得る特別の立場にある者が未公表の重要事実を知って取引を行えば、証券市場の公正性・健全性に対する投資家の信頼を損なうおそれがあることに鑑み、かかる取引を禁止するものである。一方、インサイダー取引を惹起する情報伝達行為については、インサイダー取引の教唆犯又は幇助犯に該当し得るものの特別の規制は設けられていない。

しかしながら、最近のインサイダー取引事案をみると、会社関係者等からの情報受領者が違反行為を行っているものが多く、また上場会社の公募増資に際し、引受け主幹事証券会社からの情報漏えいに基づくインサイダー取引事案も生じている状況にある。これらの事案においては、資産運用業者が顧客の計算で違反行為を行った場合の課徴金額が違反行為抑止の観点から著しく低いとの課題も明らかとなっている。」

（インサイダー WG報告書１頁）

4　平成25年インサイダー取引規制改正の概要

平成25年インサイダー取引規制改正の概要は、次のとおりである。

①　情報伝達行為・取引推奨行為に対する規制の導入

②　上場投資法人の投資口のインサイダー取引規制の対象化

③　公開買付者等関係者の範囲の拡大

④　資産運用業者の違反行為に対する課徴金の引上げ

⑤　インサイダー取引規制の適用除外の拡大

・対抗買いに関する適用除外規定の解釈の明確化

・いわゆるクロクロ取引にかかる適用除外規定の見直し

・公開買付け等事実の情報受領者にかかる適用除外の新設

・いわゆる知る前契約・計画にかかる適用除外規定の見直し

第2章

情報伝達行為・取引推奨行為に対する規制の導入

1 情報伝達行為・取引推奨行為に対する規制の導入の趣旨

情報伝達行為・取引推奨行為に対する規制の導入の趣旨について、インサイダーWG報告書では、次のとおり説明されている。

「証券取引等監視委員会による最近のインサイダー取引に係る課徴金勧告・刑事告発事案では、会社関係者や公開買付者等関係者から情報伝達を受けた者（情報受領者）による違反行為が増加しており、違反事案の多数を占める状況となっている。また、上場会社の公募増資に際し、引受け主幹事証券会社の営業職員による情報伝達に基づいたインサイダー取引事案も生じている。

情報受領者によるインサイダー取引は、情報伝達がなければ生じることはないため、このようなインサイダー取引の発生を防止していくためには、不正な情報伝達をいかに抑止していくかが重要な課題となっている。」（インサイダーWG報告書1頁）

「上場会社の通常の業務・活動に支障が生じないように留意するとともに、金商法の目的も踏まえ、…証券市場・金融商品取引と結びついた不正な情報伝達・取引推奨行為に対象を限定することが適当である。」（同報告書3頁）

2 改正金商法167条の２（未公表の重要事実の伝達等の禁止）

【改正金商法167条の２第１項（新設）】

上場会社等に係る166条１項に規定する会社関係者（同項後段に規定する者を含む。）であって、当該上場会社等に係る同項に規定する業務等に関する重要事実を同項各号に定めるところにより知ったものは、他人に対し、当該業務等に関する重要事実について同項の公表がされたこととなる前に当該上場会社等の特定有価証券等に係る売買等をさせることにより当該他人に利益を得させ、又は当該他人の損失の発生を回避させる目的をもって、当該業務等に関する重要事実を伝達し、又は当該売買等をすることを勧めてはならない。

【改正金商法167条の２第２項（新設）】

公開買付者等に係る前条１項に規定する公開買付者等関係者（同項後段に規定する者を含む。）であって、当該公開買付者等の公開買付け等事実を同項各号に定めるところにより知ったものは、他人に対し、当該公開買付け等事実について同項の公表がされたこととなる前に、同項に規定する公開買付け等の実施に関する事実に係る場合にあっては当該公開買付け等に係る株券等に係る買付

> け等をさせ、又は同項に規定する公開買付け等の中止に関する事実に係る場合にあっては当該公開買付け等に係る株券等に係る売付け等をさせることにより当該他人に利益を得させ、又は当該他人の損失の発生を回避させる目的をもって、当該公開買付け等事実を伝達し、又は当該買付け等若しくは当該売付け等をすることを勧めてはならない。

3　改正金商法167条の２の構成要件

改正金商法167条の２の構成要件の概要は、次のとおりである。

①　会社関係者または公開買付者等関係者であって業務等に関する重要事実または公開買付け等事実を知ったものは、

②　他人に対し、

③　当該業務等に関する重要事実または当該公開買付け等事実について公表がされたこととなる前に

④　当該上場会社等にかかる特定有価証券等にかかる売買等をさせることによりまたは当該公開買付け等にかかる株券等にかかる買付け等もしくは売付け等をさせることにより当該他人に利益を得させ、または当該他人の損失の発生を回避させる目的をもって、

⑤　当該業務等に関する重要事実もしくは当該公開買付け等事実を伝達し、または当該売買等もしくは当該買付け等もしくは当該売付け等をすることを勧めてはならない。

改正金商法167条の２では、金商法166条６項および167条５項のような適用除外規定が設けられていない。

4　適用対象者

(1)　規制対象者の趣旨

「インサイダー取引規制の規制対象者である会社関係者（公開買付者等関係者に係るインサイダー取引規制（金融商品取引法（金商法）167条の場合は公開買付者等関係者））が情報伝達・取引推奨する行為を原則として規制対象とする」（インサイダーWG報告書２頁・３頁）

(2)　改正金商法167条の２の規定

規制対象者は、以下の者である。

①「会社関係者（金商法166条１項後段に規定する者を含む。）」

②「公開買付者等関係者（金商法167条１項後段に規定する者を含む。）」

⑶ コメント

第１に、改正金商法167条の２における規制対象者に関する規定は、以下のとおり、現行の第１次情報受領者への情報伝達者に関する規定と基本的に同じ規定振りであり、整合的なものとなっている。

① 「会社関係者（第１項後段に規定する者を含む。以下この項において同じ。）から当該会社関係者が第１項各号に定めるところにより知つた同項に規定する業務等に関する重要事実の伝達を受けた者」（金商法166条３項）

② 「公開買付者等関係者（第１項後段に規定する者を含む。以下この項において同じ。）から当該公開買付者等関係者が第１項各号に定めるところにより知つた同項に規定する公開買付け等の実施に関する事実又は公開買付け等の中止に関する事実（以下この条において「公開買付け等事実」という。）の伝達を受けた者」（金商法167条３項）

第２に、会社関係者（業務等に関する重要事実を知った会社関係者であって会社関係者でなくなった後１年以内の者を含む）が対象者であることから、平成25年改正金商法のもとでは、以下の者が情報伝達・取引推奨行為に対する規制の適用対象者となる（改正金商法166条１項各号）。なお、第１次情報受領者（金商法166条３項）は、当該規制の適用対象とならない。

① 当該上場会社等の役員等（同条１項１号）

② 当該上場会社等の会計帳簿等閲覧等請求権を有する株

主など（同項2号）

③　当該上場会社等（上場投資法人等）の会計帳簿等閲覧等請求権を有する投資主（投資主が法人であるときはその役員等を、投資主が法人以外の者であるときはその代理人・使用人を含む）（同項2号の2）

④　当該上場会社等に対する法令に基づく権限を有する者（同項3号）

⑤　当該上場会社等と契約を締結している者または締結の交渉をしている者（その者が法人であるときはその役員等を、その者が法人以外の者であるときはその代理人・使用人を含む）であって当該上場会社等の役員等以外の者（同項4号）

⑥　②③⑤の者であって法人であるものの役員等（当該法人の他の役員等がそれぞれ第2号、第2号の2または第4号に定めるところにより業務等に関する重要事実を知った場合に限る）（同項5号）

上記①～⑤における「当該上場会社等」には、上場会社等（上場投資法人等を含む。以下同じ。）および上場会社等の親会社・子会社に加えて、上場投資法人等の資産運用会社およびその特定関係法人（スポンサー企業）が含まれることに留意する必要がある（同項1号）。

また、上記⑤の者としては、たとえば、当該上場会社等と融資契約関係にある金融機関・その役員等、証券の引受契約関係にある証券会社・その役員等、業務提携契約関係・秘密保持契約関係にある会社・その役員等、監査契約関係にある監査法人・公認会計士、契約関係にある弁護士・税理士・弁理士・不動産鑑定士などや、業務委託契約関係にある会社・その役員等（重要書類印刷・法定公告掲載・アドバイザリーサービス・IRコンサルティング・経営コンサルティング・株式交換比率算定・重要会議通訳・株式売却斡旋等）などが、情報伝達・取引推奨行為の規制対象者となる。

第３に、公開買付者等関係者（公開買付け等事実を知った公開買付者等関係者であって公開買付者等関係者でなくなった後１年以内の者を含む）が対象者であることから、平成25年改正金商法のもとでは、以下の者が情報伝達・取引推奨行為に対する規制の適用対象者となる（改正金商法167条１項各号）。なお、第１次情報受領者（金商法167条３項）は、当該規制の適用対象とならない。

① 当該公開買付者等の「役員等」（同項１号）
② 当該公開買付者等の会計帳簿等閲覧等請求権を有する株主など（同項２号）
③ 当該公開買付者等に対する法令に基づく権限を有する者（同項３号）
④ 当該公開買付者等と契約を締結している者または締結の交渉をしている者（その者が法人であるときはその役員等を、その者が法人以外の者であるときはその代理人・使用人を含む）であって当該公開買付者等の役員等以外のもの（同項４号）

⑤　当該公開買付け等にかかる上場等株券等の発行者（その役員等を含む）（同項５号）

⑥　②④⑤が法人であるものの役員等（当該法人の他の役員等がそれぞれ②④⑤により公開買付け等事実を知った場合に限る）（同項６号）

公開買付者等関係者は、買付者側関係者として、買付者、プライベート・エクイティ、FA（フィナンシャルアドバイザー）、銀行、弁護士、公認会計士・税理士、DD（デューディリジェンス）業者（環境・人事・IT・ビジネスなど）や印刷会社、被買付企業側関係者として、対象者、FAや弁護士、株主側関係者その他として、株主、個人税理士や官公庁があげられている。

第４に、情報伝達者等（情報伝達者または勧めた者）の範囲については、情報受領者等（情報受領者または勧められた者）への直接的な情報伝達者等のみならず、間接的な情報伝達者等も含まれ得る。この点は、インサイダー取引規制の対象となる第１次情報受領者と対象とならない第２次情報受領者の区別について、情報受領者が会社関係者から直接的に重要事実の伝達を受けた者に当たらないようにみえる場合であっても、その中間に介在した者がいわば道具にすぎなかったような場合には、当該情報受領者は、第２次情報受領者ではなく第１次情報受領者に該当すると解されている点と同様である。

5　情報伝達・取引推奨対象者

(1)　改正金商法167条の２の規定

情報伝達行為・取引推奨行為の対象者については、「他人に対し」と規定されている。

(2)　コメント

「他人」は、無限定である。個人のみならず、法人も含まれ得る。個人である行為者が法人の意思決定を行うことができる立場にある場合には、当該法人が第１次情報受領者となり得ることと同様である（証券取引等監視委員会事務局平成22年課徴金事例集・事例14参照）。

また、「会社関係者」または「公開買付者等関係者」も含まれるので、「会社関係者」の間または「公開買付者等関係者」の間における情報伝達・取引推奨行為も、規制対象となる。情報伝達行為・取引推奨行為に対する規制では、「知っている」者同士によるいわゆるクロクロ取引にかかる適用除外は設けられていない（金商法166条６項７号、167条５項７号）。

現行のインサイダー取引規制のもとでは、会社関係者または公開買付者等関係者などは、取引（売買等または買付け等・売付け等）を行わなければ、適用対象とならない。しかしながら、情報伝達行為・取引推奨行為に対するインサイダー取引規制の導入により、今後は、取引が行われなくても、不正な情報伝達行為・取引推奨行為をすれば、改正金商法167条の2に違反する行為をしたことになってしまう。

このような観点から、社外の者に対する情報伝達行為のみならず、社内における情報伝達行為についても、情報管理態勢の強化を図る必要がある。

情報伝達行為・取引推奨行為の対象者に対するインサイダー取引規制の適用関係は、次のようになる。

① 会社関係者・公開買付者等関係者または第1次情報受領者に該当する場合には、従来のインサイダー取引規制の適用対象となる（金商法166条1項・3項、167条1項・3項）。

② 会社関係者または公開買付者等関係者に該当する場合には、情報伝達行為・取引推奨行為に対する規制の適用対象となる（改正金商法167条の2）。

③ 第1次情報受領者に該当する場合には、情報伝達行為・取引推奨行為に対する規制の適用対象とならない。

④ 会社関係者・公開買付者等関係者および第1次情報受領者のいずれにも該当しない場合には、従来のインサイダー取引規制および情報伝達行為・取引推奨行為に対する規制の適用対象とならない。

6 情報伝達行為

⑴ 情報伝達行為に対する規制の趣旨

「上場会社の未公表の重要事実に基づく取引が行われた場合には、それを知らない一般投資家と比べ極めて有利であり、そのような取引が横行すれば、そのような証券市場は投資家の信頼を失いかねない。

こうした取引を助長する情報伝達行為は、未公表の重要事実に基づく取引が行われる蓋然性を高めるとともに、内部者に近い特別の立場にある者にのみ有利な取引を可能とする点等で、証券市場の公正性・健全性に対する投資家の信頼を損なうおそれがあり、適切な抑止策を設ける必要がある。」（インサイダー WG報告書２頁）

⑵ 改正金商法167条の２の規定

「伝達してはならない」と規定されている。

⑶ 現行の第１次情報受領者にかかる「伝達」の意義

現行の第１次情報受領者（「伝達を受けた者」）にかかる「伝達」（金商法166条３項、167条３項）の意義については、次のとおり解釈されている。

当該会社関係者（情報伝達者）が第１次情報受領者に対し

て「業務等に関する重要事実」（以下「重要事実」という。）を伝達する意思で実際にその伝達行為を行うことが要件とされている（金商法166条３項の場合。以下同じ。）。

伝達行為があったかどうかは、個別具体の実例に即して実質的に判断される。伝達の方法は、口頭、書面の送付、電話、無線、暗号、中間に他の者を介在させるなど、その方法を問わず、必ずしも積極的な方法でなされる必要はない。

伝達の意思は未必的認識で足り、相手方が重要事実を認識するであろうことを予見しつつ、これを認容して伝達すれば、伝達がある。

重要事実の伝達については、投資者の投資判断に影響を及ぼすべき当該事実の内容の一部の伝達を受けた場合も含まれる。平成22年課徴金事例集では、金商法167条３項の公開買付け等事実の第１次情報受領者について、①「当該事実の伝達においては、具体的な内容の全部の伝達を受けていないものもあるが、違反行為者は、情報伝達者（筆者注：M&Aのアドバイザリー業務に従事している証券会社社員）が従事している業務の内容を十分に知っていること、また、最初に公開買付け事実を知って買い付けた銘柄について実際に公開買付けが実施されており、情報伝達者のもたらす情報の確かさを十分理解できていたことから、具体的な内容の一部の伝達であっても公開買付け事実の伝達があったものと認定したものである。」（事例18）と説明され、また、②「本件における重要事実の伝達経緯については、伝達者（筆者注：M&Aのアドバイザリー業務等に従事している銀行員）は違反行為者に対し、具体的に公開買付けには言及しないものの、銘柄名を伝えるとともに、これを購入するよう促したものである。このように、具体的な重要事実の内容の全部が伝達されなくても、情報受領者が伝達者の職務をどの程度把握していたかによっては、重要事実を伝達したものと認められる可能性があり、そのような情報に基づいて公表前に株の売買を行えば、当然にして、内部者取引規制に抵触することとなる。」（事例19）と説明されている。

第１次情報受領者は、未公表の重要事実を認識していることが必要であるが、伝達した者が会社関係者であることを認識している必要はないと解されている（金融庁平成23年７月20日付課徴金納付命令）。その理由として、「課徴金納付命令は、こうした金融商品取引法の規制の実効性確保を目的とした行政上の措置であって、刑罰のように行為者の責任非難を目的とするものではないから、原則として故意は必要とされないものと解される。そうすると、課徴金の納付を命ずるためには、特に明文で求められている場合を除いて、故意やこれに相当する認識の存在を必要としないものというべきである。… 166条３項は…違反者が重要事実の伝達を受けたことは要件としているものの、それ以外に違反者の認識を特に明文で求めていないから、上記のとおり、課徴金の納付を命ずるに当たっては、行為者の故意やこれに相当する認識の存在を要しないものというべきである。」と説明されている。

第１次情報受領者がすでに当該重要事実を知っていたとしても、規制対象となると解されている。

⑷　コメント

①　概　　観

情報伝達行為にかかる「伝達」の意義についても、上記⑶に示した解釈があてはまる。

まず、情報伝達行為の方法は問わず、伝達の意思は未必的認識で足りる。次に、重要事実の伝達についても、投資者の投資判断に影響を及ぼすべき当該事実の内容の一部の伝達をした場合も含まれる。このため、それ自体はインサイダー情報に該当するわけではないが、他の情報と相まってインサイダー情報となり得る情報（「示唆情報等」）の伝達も該当し得る。

これらの点に関連する最近の具体的事案として、金融庁平成25年４月19日付課徴金納付命令がある。当該事案では、証券会社のリサーチ・ブラックアウト制度に基づく管理部門の銘柄審査により特定の企業の記載が削除された外交資料の配布が、重要事実（当該企業が公募増資等を行うことについての決定をした旨の事実）の伝達と認定されており、伝達行為、伝達意思および重要事実について、相当程度幅広く解釈されているように思われる。

リサーチ・ブラックアウト制度とは、エクイティ・ファイナンス等の引受証券会社となった場合、その実施公表前から払込終了後の一定期間までの間、当該エクイティ・ファイナンス等を実施する企業のカバレッジを担当する自社のアナリストに対して、当該企業に関する企業調査レポートの作成や投資判断を含むコメントを行うことを禁止するなどの対応が行われるものである。当該外交資料の配布が行われたランチミーティングでは、当該企業の記載が抜けていることについて言及する発言がなされたことに対して、証券会社のアナリストは「コメントできません。」などと回答した。当該事案では、当該アナリストは、当該ランチミーティングの出席者に、当該企業によるエクイティ・ファイナンスの実施の確率が高いことを伝達することになると認識し、かつこれを認容しつつ、当該外交資料を配布したものであるから、そのような情報の伝達があったものということができ、当該ランチミーティングによる当該外交資料の配布により、当該アナリストから第1次情報受領者に対して、当該企業が近日中にエクイティ・ファイナンスを実施する可能性が高いことが伝達されたものといえると認定されている。

改正金商法167条の2には、金商法166条6項および167条5項に類する適用除外規定が設けられていないために、改正金商法167条の2の適用対象が不当に拡がるおそれがあり、主観的要件を合理的に解釈する必要がある。

② 事前公表型自己株式取得との関係

自己株式取得についての決定をしたことは業務等に関する重要事実とされている（金商法166条2項1号ニ）ことから、

会社関係者などはその公表後でなければ当該上場会社等の特定有価証券等にかかる売買等をすることを禁止される。自己株式取得についての決定には、市場取引等による場合（会社法165条）には、①株主総会または取締役会の決議による取得についての決定（同条３項、同法156条１項）、および②当該決定に基づく個別具体的な取得の決定がある。

これらのうち、①の決定については公表が必要である。一方、②の決定について公表することは株価に大きな影響を及ぼしかねず、会社が自己株式を円滑に取得することを困難にするおそれがあり、また、相場操縦等につながりかねない面もあることから、②の決定を公表しなくても自己株式取得を行うことができるようにするために、適用除外が設けられている。具体的には、当該上場会社等の自己株式取得の「株主総会決議等」について公表された後に当該株主総会決議等に基づいて「株券等」または株券等の売買にかかるオプションの買付けをする場合（当該自己株式取得についての決定以外の未公表の重要事実がある場合を除く）（金商法166条６項４号の２、金商法施行令32条）がある。

ただし、この適用除外の対象は、上場会社等が自己株式取得などを行う場合に限られており、当該上場会社等に自己株式などを売却する者は適用除外されていないことから、当該者が会社関係者または第１次情報受領者として未公表の重要事実（たとえば会社の自己株式取得の事実）を知っている場合には、インサイダー取引に該当し得る。

このため、実務的には、事前公表型の自己株式取得が行われている。具体的には、東京証券取引所の場合、上場会社等が買付日前日に具体的な買付内容を公表したうえで、オークション市場（通常の立会市場）、終値取引（ToSTNeT-2）または自己株式立会外買付取引（ToSTNeT-3）において、自己株式取得のための買付けを行うものである（取引等規制府令23条参照）。

事前公表型自己株取得については、自己株式取得の前営業日に自己株式取得の決定が公表されるより前に、売り方に売却意向の確認が行われる（東京証券取引所「東証市場を利用した自己株式取得に関するQA集」（平成20年1月10日）Q9・Q12・Q15・Q18参照）。この場合、自己株式取得を行う上場会社等の会社関係者は、未公表の重要事実を公表前に売り方に伝達する情報伝達行為を行っていることになり得る。

③　プレ・ヒアリングとの関係

上場会社等が株式等を発行しようとする際、会社関係者である引受証券会社などは、当該上場会社等による当該株式等の発行に関する情報の公表前に、当該株式等に対する投資者の需要の見込みに関する調査を行うことがあり、「プレ・ヒアリング」と呼ばれる。プレ・ヒアリングについては、金商法（金商法38条7号、金商業等府令117条1項15号）および日本証券業協会の自主規制規則「協会員におけるプレ・ヒアリングの適正な取扱いに関する規則」により規制されている。

プレ・ヒアリングは、「法人関係情報を提供したうえで行う、当該募集にかかる有価証券に対する投資者の需要の見込みに関する調査」であり、勧誘を目的とするものではない。したがって、プレ・ヒアリングは、未公表の重要事実にかかる情報伝達行為に該当し得ることになる。

④　「クロクロ取引」の適用除外との関係

インサイダー取引にかかるいわゆる「クロクロ取引」（未公表の重要事実または公開買付け等事実を知っている者の間で行われる相対取引）の適用除外（金商法166条６項７号、167条６項７号）を利用するために、会社関係者または公開買付者等関係者が未公表の重要事実または公開買付け等事実を相手方に伝えたうえで「クロクロ取引」が行われることがあるが、これは未公表の重要事実または公開買付け等事実にかかる情報伝達行為に該当することになる。

そして、不正な情報伝達行為を規制する改正金商法167条の２には、「クロクロ取引」にかかる適用除外は設けられていない。

⑤　「応援買い」と「対抗買い」の適用除外との関係

公開買付者等関係者などのインサイダー取引規制では、いわゆる「応援買い」と「対抗買い」（「防戦買い」ともいう。）にかかる適用除外が設けられている（金商法167条５項４号・５号）。いずれの場合にも、公開買付け等の実施に関する事実が未公表な場合に、「応援買い」の場合には公開買付者等関係者から応援買いを行う者に対し、「対抗買い」の場合には被買付企業（改正金商法167条１項５号により公開買付者等関係者に該当）から対抗買いを行う者に対し、それぞれ公開買付け等の実施に関する事実にかかる情報伝達行為が行われることになる。

そして、不正な情報伝達行為を規制する改正金商法167条の２には、「応援買い」および「対抗買い」にかかる適用除外は設けられていない。

7　取引推奨行為

(1)　取引推奨行為に対する規制の趣旨

「情報伝達行為を規制する場合には、未公表の重要事実の内容は伝えず、その存在を仄めかし、又は未公表の重要事実を知り得る立場にあることを示しつつ取引を推奨するなどの潜脱的行為が行われるおそれがある。

また、内部情報を知り得る特別の立場にある者が、内部情報を知りながら不正に取引推奨すれば、被推奨者に取引を行う誘引が働き、未公表の重要事実に基づいた取引に結びついていくものと考えられる。このような取引推奨が行われることは、証券市場の公正性・健全性に対する投資家の不信感を惹起するおそれがあることを踏まえると、不正な取引推奨行為についても適切な抑止策を設ける必要がある。」（インサイダー WG報告書２頁）

⑵　改正金商法167条の2の規定

「勧めてはならない」と規定されている。

⑶　コメント

①　「勧める」の内容

取引推奨行為に対する規制の趣旨として、①情報伝達行為に対する規制の潜脱防止、および②取引推奨行為自体の問題性があげられている。②の趣旨をふまえて、「仄めかし」または「立場にあることを示し」は要件とされていない。

「推奨」ではなく「勧める」と規定されており、「勧誘」（他人に対し、ある行為をするように勧め誘うこと）の概念に近いように思われる。

金商法における「勧誘」概念は多義的である。開示規制における「勧誘」の意義は、広く捉えられており、文書頒布、説明会における説明または広告といった「情報提供」も含まれると解されている（金融庁「企業内容等の開示に関する留意事項について（企業内容等開示ガイドライン）」Ｂ4－1）。一方、業規制（金融商品取引業者等などの規制）における「勧誘」の意義は、基本的には「情報提供」または「紹介」と区別されるが、当該区別の境界線は、形式ではなく個別事案における実態に即して実質的に判断されるので、必ずしも明確ではない。

また、「情報伝達行為を規制する場合には、未公表の重要事実の内容は伝えず、その存在を仄めかし、又は未公表の重要事実を知り得る立場にあることを示しつつ取引を推奨するなどの潜脱的行為が行われるおそれがある。」との趣旨からすると、積極的な態様の行為が求められるようにも思われるが、規定上は「その存在を仄めかし、又は未公表の重要事実を知り得る立場にあることを示しつつ」ということは要件とされておらず、消極的な態様の行為も該当し得るように思われる。

しかしながら、基本的には、「情報提供」または「紹介」は「勧める」に該当しないものと解されるべきである。また、消極的な態様の行為は、「勧める」に該当しない方向で解されるべきである。

たとえば、上場企業等の業務等に関する未公表の重要事実を知っている者は、他者から当該上場会社等の発行する株式等の評価などについて質問された場合に、実務的にどのように対応することが適切かという問題がある。相手方が顧客である場合には、何も答えないわけにいかないであろう。また、「ノーコメント」と答えると、かえって相手方に未公表の重要事実の存在を推知され、「仄めかし」たことになるおそれもある。したがって、質問に対して受け身で客観的な事実や評価を答える限りにおいて、「勧める」に該当しないと解されるべきである。

②　「しないこと」を「勧めること」

「勧めてはならない」のは売買等または買付け等・売付け

等を「すること」であるから、売買等または買付け等・売付け等を「しないこと」を「勧める」ことは許容されているように思われる。

たとえば、銀行や事業会社は、いわゆる政策投資株式（保有目的が純投資目的以外の目的である投資株式）を保有しているところ、当該株式の発行会社（上場会社等）に関する未公表の重要事実を知った場合には、政策投資部門（政策投資株式を管理する部門）に対し、当該重要事実を伝達することなく、当該政策投資株式の売買等をしないことを指示することになると思われるが、当該行為は規制対象とならないものと解される。

ただし、売買等または買付け等・売付け等を「しないこと」を「勧める」ことは許容されているとの解釈を徹底すると、たとえば、政策投資部門がある政策投資株式の買増しをしようとしている場合に、その株価の下落要因となる当該発行会社に関する未公表の重要事実を知って政策投資部門に対して当該買増しをしないことを指示することにより、結果的に損失を回避することが可能となるが、こうした行為まで実質的に許容されるどうかは必ずしも明らかでないように思われる。

8 主観的要件

(1) 主観的要件の趣旨

「上場会社では、例えば業務提携の交渉や投資家向け説明(いわゆる『IR活動』)など、様々な場面で情報のやりとりが行われており、情報伝達・取引推奨行為全般を規制対象とした場合には企業の通常の業務・活動に支障が生じるとの指摘がある。

こうした企業の通常の業務・活動の中で行われる情報伝達・取引推奨に支障を来たすことなく、他方で、未公表の重要事実に基づく取引を引き起こすおそれの強い不正な情報伝達・取引推奨行為を規制対象とするため、立証可能性にも留意しつつ、『取引を行わせる目的』等の主観的要件を設けることが適当である。」(インサイダーWG報告書3頁)

(2) 改正金商法167条の2の規定

「…公表がされたこととなる前に…売買等をさせることにより当該他人に利益を得させ、又は当該他人の損失の発生を回避させる目的をもつて」(改正金商法167条の2第1項)

「…公表がされたこととなる前に…買付け等をさせ、…又は…売付け等をさせることにより当該他人に利益を得させ、又は当該他人の損失の発生を回避させる目的をもつて」(同

条2項）

⑶　コメント

当該主観的要件は、改正金商法167条の2では取引要件が定められていないことから、「企業の通常の業務・活動の中で行われる情報伝達・取引推奨」が改正金商法167条の2違反にならないための唯一の要件である。したがって、適法・正当な情報伝達・取引推奨行為と違法・不正な情報伝達・取引推奨行為を区別するための要件として、極めて重要である。政府は、「上場会社等に係る会社関係者であって、当該上場会社等に係る重要事実を知ったものについては、当該重要事実について公表がされたこととなる前に当該上場会社等の特定有価証券等に係る売買等をさせることにより他人に利益を得させ、又は他人の損失の発生を回避させる目的をもって行う場合に限り、他人に対し当該重要事実を伝達し、又は当該売買等をすることを勧めてはならないとして、規制の対象となる行為を明確化しているところであり、…『企業の必要かつ正当な情報提供を萎縮させること』はないと考えている。」と答弁している（衆議院議員質問主意書に対する平成25年4月23日付答弁書）。

当該主観的要件では、単に「当該他人に利益を得させ、又は当該他人の損失の発生を回避させる目的」のみでは足りず、売買等または買付け等・売付け等を「させることにより」との意思的要素および主観的な相当因果関係の要素が必要とされている。したがって、当該主観的要件の内容は、「不正な情報伝達・取引推奨行為を行って当該行為が相手方の投資判断の要素となって実際に取引を行わせる目的」と解されるべきである。

金商法の不公正取引規定のうち、風説流布・偽計の禁止規定（金商法158条）や相場操縦行為等の禁止規定（金商法159条1項・2項）では、目的要件が定められている。実務的には、目的は客観的行為・状況から推認されている。たとえば、現実取引による相場操縦の禁止規定（同条2項1号）について、「誘引目的」が適法行為と違法行為を区別する基準となると解されている（協同飼料株事件に関する最判平成6年7月20日刑集48巻5号201頁）ところ、「この目的の存否は、もちろん当事者の供述からそれが明らかにできることはあるが、そうした供述によることなく、取引の動機、売買取引の態様、売買取引に付随した前後の事情等から推測して判断することは十分可能であり、その際には、売買取引の態様が経済的合理性をもったものかどうかが、人為的に相場を操作しようとの目的を窺わせるものとして、重要な意味を持つといえる。」と判示されている（藤田観光株事件に関する東京地判平成5年5月19日判タ817号221頁）。

また、損失補てん等の禁止規定では損失補てん等の目的が要件とされている（金商法39条1項各号）ところ、当該目的が認められる限り、他の目的が併存する場合でも、禁止対象となると解されている。

しかしながら、情報伝達・取引推奨行為に対する規制における主観的要件については、客観的行為・状況から容易に推認可能であり、また、当該主要目的が他の目的である場合であっても当該目的が少しでもあれば認定可能であるとすると、当該主観的要件を設けている趣旨が没却され、「企業の通常の業務・活動の中で行われる情報伝達・取引推奨に支障を来す」おそれがある。したがって、当該主観的要件の認定は慎重に行われる必要がある。

このような観点から、たとえば、①IR活動については、通常は当該主観的要件に該当しないこと、②企業提携の交渉や事前公表型自己株取得については、適切な情報管理が行われている場合には、形式的に守秘義務契約を締結していなくても、当該主観的要件に該当しないこと、③社内における会社関係者同士や公開買付者等関係者同士における情報伝達行為については、適切な情報管理が行われている場合には、当該主観的要件に該当しないこと、④インサイダー取引にかかる適用除外に該当する「クロクロ取引」、「応援買い」や「対抗買い」に際して行われる情報伝達行為については、当該主観的要件に該当しないことと解されるべきである。金融庁および証券取引等監視委員会は、このような内容を含むガイドライン等を策定し、当該主観的要件の解釈の明確化を図ることが望まれる。

この点について、金融庁は、次の考え方を示している（衆議院財務金融委員会（平成25年５月21日）島尻大臣政務官答弁）。

① この目的があるか否かは、行為者の主観的要素であり、行為者自身や関係者の供述、伝達・推奨を行った相手方との関係、伝達・推奨を行った経緯・状況、取引資金・取引利益の流れなどに基づいて、総合的に判断されることになる。

② この目的があるか否かは総合的に判断されるものであり、行為態様などに基づいて一律の基準を設けることに馴染まないのではないか、仮に一律の基準を設けた場合にそれを逆に悪用した規制の潜脱的行為のおそれがあることをふまえると、慎重に考える必要がある。

③ 金融庁としては、企業の通常の業務・活動に支障が生じることのないよう、法案の趣旨の周知に取り組んでまいりたい。

しかしながら、いわゆるセーフハーバー・ルール（当該ルールのもとで行動する限りは違反とならないとするもの）を設けることには容易でない面があるとしても、ガイドライン、Q&Aやパブリックコメント回答等を通じて、できる限りの明確化が図られることがやはり望まれる。たとえば、金融庁総務企画局「金融商品取引法等に関する留意事項について（金融商品取引法等ガイドライン）」（平成24年12月）、「金融庁・証券取引等監視委員会「インサイダー取引規制に関するQ&A」（平成20年11月18日）や金融庁「株券等の公開買付けに関するQ&A」（平成24年8月3日付最新版）などのような行政手法が参考となる。

9　取引要件

(1)　取引要件の趣旨

「情報伝達・取引推奨行為に対する規制は、不正な情報伝達・取引推奨によって未公表の重要事実に基づく取引を引き起こすことを防止しようとするものであり、情報伝達・取引推奨されたことが投資判断の要素となっていない場合にまで制裁等の対象とする必要性は必ずしも高くない。また、情報伝達・取引推奨が行われたのみで直ちに処罰・課徴金の対象にすると本来制裁等を課すべきでない通常の業務・活動に影響を与えてしまうおそれがあることも踏まえ、不正な情報伝達・取引推奨が投資判断の要素となって実際に取引が行われたことを要件とすることが適当である。」（インサイダー WG 報告書３頁）

(2)　改正金商法167条の２の規定

「売買等をさせることにより」（主観的要件の一部）（改正金商法167条の２第１項）

「買付け等をさせ、又は…売付け等をさせることにより」（主観的要件の一部）（改正金商法167条の２第２項）

⑶　改正金商法175条の２（未公表の重要事実の伝達等の禁止に違反した者に対する課徴金納付命令）の規定

【改正金商法175条の２第１項柱書（新設）】

167条の２第１項の規定に違反して、同項の伝達をし、又は同項の売買等をすることを勧める行為（以下この項において「違反行為」という。）をした者（以下この項において「違反者」という。）があるときは、当該違反行為により当該伝達を受けた者又は当該売買等をすることを勧められた者（以下この項及び第３項において「情報受領者等」という。）が当該違反行為に係る166条１項に規定する業務等に関する重要事実について同項の公表がされたこととなる前に当該違反行為に係る特定有価証券等に係る売買等をした場合（同条６項各号に掲げる場合に該当するときを除く。）に限り、内閣総理大臣は、次節に定める手続に従い、当該違反者に対し、次の各号に掲げる場合の区分に応じ、当該各号に定める額に相当する課徴金を国庫に納付することを命じなければならない。

【改正金商法175条の２第２項柱書（新設）】

167条の２第２項の規定に違反して、同項の伝達をし、又は同項の買付け等若しくは売付け等をすることを勧める行為（以下この項において「違反行為」という。）をした者（以下この項において「違反者」という。）があるときは、当該違反行為により当該伝達を受けた者又は当該買付け等若しくは売付け等をすることを勧められた者（以下この項及び第４項において「情報受領者等」という。）が当該違反行為に係る公開買付け等事実について167条１項の公表がされたこととなる前に当該違反行為に係る株券等に係る買付け等又は売付け等をした場合（同条５項各号に掲げる場合に該当するときを除く。）に限り、内閣総理大臣は、次節に定める手続に従い、当該違反者に対し、次の各号に掲げる場合の区分に応じ、当該各号に定める額に相当する課徴金を国庫に納付することを命じなければならない。

(4) 改正金商法197条の２第14号・第15号の規定（刑事罰）

【改正金商法197条の２柱書】

次の各号のいずれかに該当する者は、５年以下の懲役若しくは500万円以下の罰金に処し、又はこれを併科する。

【改正金商法197条の２第14号（新設）】

167条の２第１項の規定に違反した者（当該違反により同項の伝達を受けた者又は同項の売買等をすることを勧められた者が当該違反に係る166条１項に規定する業務等に関す

る重要事実について同項の公表がされたこととなる前に当該違反に係る特定有価証券等に係る売買等をした場合（同条6項各号に掲げる場合に該当するときを除く。）に限る。）

【改正金商法197条の２第15号（新設）】

167条の２第２項の規定に違反した者（当該違反により同項の伝達を受けた者又は同項の買付け等若しくは売付け等をすることを勧められた者が当該違反に係る公開買付け等事実について167条１項の公表がされたこととなる前に当該違反に係る株券等に係る買付け等又は売付け等をした場合（同条５項各号に掲げる場合に該当するときを除く。）に限る。）

⑸　コメント

①　改正金商法167条の２における取引要件の不存在

取引要件は、課徴金納付命令（改正金商法175条の２）および刑事罰（改正金商法197条の２第14号・15号）の要件とされている。不正な情報伝達・取引推奨行為の禁止規定（改正金商法167条の２）では、取引要件も客観的な相当因果関係の要件も定められていない。

したがって、取引が行われなくても改正金商法167条の２違反となり得ることになる。実際、改正金商法175条の２第１項柱書・２項柱書では、167条の２第１項・第２項の規定に違反しての伝達をする行為または勧める行為が「違反行為」と規定され、当該違反行為をした者が「違反者」と規定されている。

金融商品取引業者等は、改正金商法167条の２違反の行為をした場合には、「法令等に反する行為」として「事故等」の届出が必要となる（金商法50条１項８号、金商業等府令199条７号、200条６号）とともに、報告命令、業務改善命令や業務停止命令などの対象となり得る。改正金商法167条の２違反は、たとえば顧客に対して発行者の法人関係情報を提供しての勧誘行為などを禁止する金融商品取引業者等の行為規制の違反ではなく、インサイダー取引規制の違反となるので、より重大である。

上場会社等にとっても、金融商品取引業者等とは異なり「事故等」の届出制度や行政処分制度の対象とならず、かつ、取引が行われていないため課徴金納付命令または刑事罰の対象とならないとしても、改正金商法167条の２違反がインサイダー取引規制違反となる点は同じである。たとえば、株式会社の取締役には法令遵守義務があること（会社法355条）に留意する必要がある。

②　取引要件における「取引」の意義

取引要件においては、情報受領者等が売買等または買付け等・売付け等をすることが要件とされているにとどまり、情報受領者等の取引がインサイダー取引に該当することは要件とされていない。

取引推奨行為の対象者は、未公表の重要事実または公開買付け等事実の伝達を受けていない場合には、第１次情報受領者に該当しないが、このような場合でも対象者が取引をすれば、取引要件は満たされることになる。

③　取引要件における相当因果要件

一方、課徴金納付命令または刑事罰における取引要件では、たとえば「当該違反行為により当該伝達を受けた者又は当該売買等をすることを勧められた者…が当該違反行為に係る業務等に関する重要事実について公表がされたこととなる前に当該違反行為に係る特定有価証券等に係る売買等をした場合…に限り」と規定されており（改正金商法175条の２第１項柱書)、「当該違反行為により」および「当該違反行為に係る」との文言から、相当因果関係が要件とされていると解されている。当該相当因果関係は、「不正な情報伝達・取引推奨が投資判断の要素となって実際に取引が行われたこと」を内容とするものであると解されている。

④　取引要件における適用除外取引の取扱い

インサイダー取引にかかる適用除外規定（金商法166条６項各号、167条５項各号）に該当する取引は、課徴金納付命令および刑事罰にかかる取引要件を満たさないとされているので、課徴金納付命令および刑事罰の対象とならない。

これに対し、改正金商法167条の２には取引要件も適用除外規定も設けられていないため、適用除外該当取引も改正金商法167条の２違反となり得ることになる。

⑤　取引要件にかかる認識

課徴金納付命令および刑事罰における取引要件は、客観的に存在すれば十分であり、改正金商法167条の２の違反者が取引の存在を認識している必要はない（刑事罰における客観的処罰条件）。

10 課徴金制度の強化

(1) 課徴金制度強化の趣旨

① 違反行為の抑止策

「違反行為の抑止を図り、規制の実効性を確保するため、現行の不公正取引規制と同様のエンフォースメント手段（刑事罰・課徴金）を整備することが適当である。

課徴金については、現行の課徴金制度が違反行為による利得相当額を基準としていることに鑑み、情報伝達や取引推奨を行うことにより一般的な行為者が得られる利得相当のものとすることが適当と考えられる。」（インサイダー WG報告書３頁・４頁）

② 上場株券等の仲介業務を担う者（仲介業者）

「証券市場がその機能を十全に発揮するためには、公正な取引環境が備わり、市場に対する投資家の信頼が確保されていることが不可欠である。上場株券等の仲介業務を担う者（仲介業者）は、証券市場の門番（ゲートキーパー）として公共性の高い役割を担っており、市場の公正性・健全性を保つために、顧客の売買審査を行うなど、不公正取引を防止するための積極的な取組みを行うべき立場にある。仲介業者の役職員が、仮に、その職務に関し、一部の顧客に対し、企業の内部情報の伝達や内部情報に基づく取引の推奨を行った場合には、単に当該業者に対する不信が生じるだけでなく、我が国証券市場全体に対する信認の失墜につながるおそれがあるものと考えられる。

かかる仲介業者の役割の重要性等に鑑みれば、違反行為に対するエンフォースメント手段について、以下のような、より実効性のある抑止が図られる必要がある。」（インサイダーWG報告書４頁）

③　課徴金の計算方法

「仲介業者の役職員がその業務に関し不正な情報伝達・取引推奨を行い、それが投資判断の要素となって取引が行われた場合の課徴金については、仲介業者はその業務に関して行われた違反行為について類型的に幅広い利得があることを踏まえた、より抑止効果の高い計算方法とすることが適当である（例えば機関投資家からの定期的（例えば３ヶ月毎）なブローカー評価に基づく継続的な売買手数料や、増資に係る売さばき業務に関連した違反行為の場合には売さばき業務に関連した引受手数料を含めることが考えられる）。」（インサイダーWG報告書４頁）

⑵　改正金商法175条の２の規定

①　「仲介関連業務」（金商法２条８項２号～４号・10号の行為等に係る業務）に関し違反行為をした場合（②の場合を除く）

> **【改正金商法175条の２第１項１号・第２項１号（新設）】**
>
> 　当該情報受領者等から当該違反者に対し支払われる当該違反行為をした日の属する月（当該月が２以上ある場合には、これらの月のうち最後の月）における仲介関連業務の対価の額に相当する額として内閣府令で定める額に３を乗じて得た額
>
> 　⇒　取引を行った者からの仲介手数料３か月分

②　「募集等業務」（金商法２条８項９号の行為に係る業務）に関し違反行為をした場合

> **【改正金商法175条の２第１項２号・第２項２号（新設）】**
>
> 次の額の合計額
>
> ・当該情報受領者等から当該違反者に対し支払われる当該違反行為をした日の属する月（当該月が２以上ある場合には、これらの月のうち最後の月）における仲介関連業務の対価の額に相当する額として内閣府令で定める額に３を乗じて得た額
>
> ・当該募集等業務及び当該募集等業務に併せて行われ

る金商法２条８項６号に掲げる行為（有価証券の引受け）に係る業務の対価の額に相当する額として内閣府令で定める額に２分の１を乗じて得た額

⇒（増資に係る売りさばき業務の違反の場合）

仲介手数料３か月分＋引受手数料の２分の１

③　①②以外の場合

【改正金商法175条の２第１項３号・第２項３号（新設）】

当該違反行為により当該情報受領者等が行った当該売買等又は当該買付け等若しくは売付け等によって得た利得相当額に２分の１を乗じて得た額

【改正金商法175条の２第３項・第４項（新設）】

「利得相当額」とは、次の各号に掲げる場合の区分に応じ、当該各号に定める額（次の各号のいずれにも該当する場合は、当該各号に定める額の合計額）をいう。

・情報受領者等が特定有価証券等又は株券等の売付け等をした場合

「当該特定有価証券等・株券等の売付け等について当該特定有価証券等・株券等の売付け等をした価格にその数量を乗じて得た額」から「当該特定有価証券等・株券等の売付け等について公表がされた後２週間における最も低い価格に当該特定有価証券等・株券等の売付け等の数量を乗じて得た額」を控

除した額

・情報受領者等が特定有価証券等又は株券等の買付け等をした場合

「当該特定有価証券等・株券等の買付け等について公表がされた後２週間における最も高い価格に当該特定有価証券等・株券等の買付け等の数量を乗じて得た額」から「当該特定有価証券等・株券等の買付け等について当該特定有価証券等・株券等の買付け等をした価格にその数量を乗じて得た額」を控除した額

【改正金商法175条の２第５項～第12項・第15項（新設）】

●「特定有価証券等の売付け等」（同条３項１号）の定義（同条５項）

●「第１項の公表がされた後２週間における最も低い価格」（同条３項１号ロ）の定義（同条６項）

●「特定有価証券等の買付け等」（同条３項２号）の定義（同条７項）

●「第１項の公表がされた後２週間における最も高い価格」（同条３項２号イ）の定義（同条８項）

●「株券等の売付け等」（同条４項１号）の定義（同条９項）

●「第２項の公表がされた後２週間における最も低い価格」（同条４項１号ロ）の定義（同条10項）

●「株券等の買付け等」（同条４項２号）の定義（同条11

項）

●「第２項の公表がされた後２週間における最も高い価格」（同条４項２号イ）の定義（同条12項）

●課徴金の計算に関する政令委任（同条15項）

⑶　コメント

金商法における課徴金の水準については、違反行為の類型ごとに、一般的・抽象的に想定し得る経済的利得相当額を基準としつつ、具体的な算定方法が法定されている。したがって、違反者が実際に得た利得額そのものの多寡にかかわらず、違反行為の類型ごとに法定されている算定方法により算定される金額が課されることになる。課徴金納付命令については、その公表を通じて違反者に対する事実上の制裁的機能を有するが、法定には制裁目的や制裁機能はないものと理解されている。

インサイダー取引は、平成16年証券取引法改正による課徴金制度の導入時から、課徴金の対象とされ、平成20年金商法改正により、経済的利得相当額を基準とする制度趣旨を維持しつつ、算定方法の見直しにより引上げが図られている。改正金商法175条の２第３項・第４項に規定する「利得相当額」の算定方法は、金商法175条１項１号・２号および２項１号・２号に定められている算定方法と同じである。

上記の改正金商法175条の２第１項各号・第２項各号に定

められている課徴金の算定方法についても、経済的利得相当額を基準とする考え方は形式的には維持されている。しかしながら、情報伝達・取引推奨行為をした者は実際に取引をしていないにもかかわらず、たとえば情報受領者等の「利得相当額」の2分の1とみなされている（改正金商法175条の2第1項3号・第2項3号）ことなど、実質的には現実の利得とは相当程度異なる利得が観念されており、利得概念のいわば擬制（フィクション）化がさらに進んでいる。

「仲介関連業務」（改正金商法175条の2第1項1号・2号イ、第2項1号・2号イ）の範囲は、金商法2条8項2号・3号・4号・10号に掲げる行為およびこれらに類する行為として政令で定める行為にかかる業務であり、これらに付随する業務として内閣府令で定める業務が含まれる。「仲介」であることから、金商法2条8項4号に掲げる行為から「店頭デリバティブ取引」が除かれ、同項10号に掲げる行為から「有価証券の売買」が除かれている。「仲介関連業務」には、金融商品取引業者が行う業務のみならず、登録金融機関または金融商品仲介業者が行う業務も含まれている。

「募集等業務」（改正金商法175条の2第1項2号柱書・ロ、第2項2号ロ）の範囲は、金商法2条8項9号（有価証券の募集・売出し・私募・特定投資家向け売付け勧誘等の各取扱い）に掲げる行為にかかる業務である。金融商品取引業者が行う業務のみならず、登録金融機関または金融商品仲介業者が行う業務も含まれている。

11 法人に対する課徴金制度の適用

⑴ 現行の金商法における法人に対する課徴金制度の適用

会社関係者などのインサイダー取引規制（金商法166条）においては、「会社関係者」には法人である上場会社等自体は含まれない（同条１項１号参照）ことから、上場会社等の役員等が上場会社等の計算においてインサイダー取引規制違反の売買等（自己株式売買など）をした場合には、当該役員等ではなく、法人である当該上場会社等が課徴金納付命令の対象となることが明示的に規定されている（金商法175条９項）。

これに対し、公開買付者等関係者などのインサイダー取引規制（金商法167条）においては、「公開買付者等関係者」には法人である公開買付者等自体は含まれておらず（同条１項１号参照）、課徴金納付命令の対象ともされていない。

⑵ 改正金商法175条の２の規定

【改正金商法175条の２第13項（新設）】

第１項の規定は、上場会社等の業務として特定伝達等行為（167条の２第１項に規定する目的をもって同項の伝達をし、又は同項の売買等をすることを勧める行為をいう。）

をした当該上場会社等の166条１項１号に規定する役員等がある場合について準用する。この場合において、第１項中「当該違反者」とあるのは、「当該上場会社等」と読み替えるものとする。

【改正金商法175条の２第14項（新設）】

第２項の規定は、公開買付者等（167条１項に規定する公開買付者等をいい、同項１号に規定する親会社を含む。）の業務として特定伝達等行為（167条の２第２項に規定する目的をもって同項の伝達をし、又は同項の買付け等若しくは売付け等をすることを勧める行為をいう。）をした当該公開買付者等の167条１項１号に規定する役員等がある場合について準用する。この場合において、第２項中「当該違反者」とあるのは、「当該公開買付者等」と読み替えるものとする。

(3) コメント

情報伝達行為・取引推奨行為に対するインサイダー取引規制においては、上場会社等の役員等による違反行為のみならず、公開買付者等の役員等による違反行為についても、法人である上場会社等または公開買付者等の業務として違反行為が行われた場合には、違反行為を行った役員等ではなく、法人である上場会社等または公開買付者等が課徴金納付命令の対象とされている。

このような観点からも、上場会社等および公開買付者等は情報管理態勢の強化を図る必要がある。

12 公表制度の導入

(1) 公表制度導入の趣旨

① 注意喚起のための氏名公表

「仲介業者の役職員がその業務に関し違反行為を行った場合、課徴金の対象は、実際に情報伝達・取引推奨を行った役職員ではなく、当該仲介業者となる。この場合、当該役職員は違反行為を繰り返すおそれもあることに鑑み、将来の取引相手となり得る証券会社や投資家等に対して注意喚起し、違反抑止を図る観点から、当該役職員（補助的な役割を担った者を除く）の氏名を明らかにすることが適当である。」（インサイダー WG報告書４頁・５頁）

② 重要事実の要求行為

「公募増資に関連するインサイダー取引事案においては、ヘッジファンドの運用担当者が、証券会社のブローカー評価に基づき取引発注分量等を決定することを背景に、証券会社に対する影響力を強め、証券会社に対しいわゆる『耳より情報』の提供を継続・反復して求めていたことが認められている。

こうした行為は、インサイダー取引の予備的な行為であるものの、情報伝達を助長してインサイダー取引を積極的に行うものであるため悪質性が強く、適切な違反抑止を図る必要がある。

こうした観点から、機関投資家等の運用担当者等が取引上の立場を利用して未公表の重要事実を要求するなどにより、インサイダー取引を行ったような事案については、違反行為において中心的な役割を担った者等の氏名を明らかにし、将来の取引相手となり得る証券会社や投資家等に対して注意喚起していくことが適当である。

なお、上記のケース以外についても、インサイダー取引など不公正取引を反復して行った者については、違反行為を繰り返すおそれがあることに鑑み、違反抑止の観点から違反行為を行った個人名も明らかにし、将来の取引相手となり得る証券会社や投資家等に対して注意喚起していくことが適当である。」（インサイダー WG報告書５頁）

⑵　改正金商法192条の２（法令違反行為を行った者の氏名等の公表）の規定

【改正金商法192条の２（新設）】

内閣総理大臣は、公益又は投資者保護のため必要かつ適当であると認めるときは、内閣府令で定めるところにより、この法律又はこの法律に基づく命令に違反する行為（以下この条において「法令違反行為」という。）を行った者の氏名その他法令違反行為による被害の発生若しくは拡大を防止し、又は取引の公正を確保するために必要な事項を一般に公表することができる。

(3) コメント

改正金商法192条の2の規定上は、法令違反行為の範囲(「この法律又はこの法律に基づく命令に違反する行為」) および対象者(「法令違反行為を行った者」) について、インサイダー取引規制違反に限定されることなく、無限定となっており、広く金商法令に違反する行為一般に対して適用可能となっている。

公表制度導入の趣旨をふまえて、内閣府令において定められることになるものと思われる。「公益又は投資者保護のため必要かつ適当である」と認められるときは、内閣府令で追加することにより、公表の対象となる法令違反行為の類型および対象者の範囲を拡大できることになる。

当該公表は、法令違反行為という行政上の義務違反を要件としていることから、「制裁」として捉えることが可能である。この場合、「制裁としての公表に対して、取消訴訟を提起することが認められると解することは可能であろうが、誤った公表がなされたことに起因する不利益は、公表の取消しによっても十分解消されないことが多いと思われる。したがって、事前手続の保障が重要である。」と指摘されていることに留意される必要がある（宇賀克也『行政法概説Ⅰ　行政法総論〔第４版〕』（有斐閣、2011）236頁・259頁）。

行政手続法では、行政庁が「不利益処分」をしようとする場合には、その名あて人となるべき者について、聴聞または弁明の機会の付与にかかる手続をとることを義務づけている（同法13条１項）が、「不利益処分」とは「直接に、これに義務を課し、又はその権利を制限する処分」と定義されていること（同法２条４号）から、「公表」は「不利益処分」に該当しないように思われる。したがって、改正金商法192条の２に基づく内閣府令において、当該公表にかかる適正な事前手続が設けられることが必要である。

⑷　日本証券業協会の不都合行為者制度との関係

日本証券業協会は、「協会員の従業員に関する規則」（以下「協会従業員規則」という。）に基づき、不都合行為者制度を設けている。

不都合行為者制度は、日本証券業協会が、協会員の従業員等（従業員または従業員であった者）が退職しまたは当該協会員より解雇に相当する社内処分を受けた者で、かつ、その行為が金融商品取引業の信用を著しく失墜させるものと認めたときは、決定により不都合行為者として取り扱うものである。金融商品取引業の信用への影響が特に著しい行為を行ったと認められる者が「一級不都合行為者」として、その他の者が「二級不都合行為者」として、それぞれ取り扱われる

(協会従業員規則12条１項)。日本証券業協会は「不都合行為者名簿」を備え（協会従業員規則13条の３)、協会員は一級不都合行為者の永久採用禁止、二級不都合行為者の５年間採用禁止を義務づけられており（協会従業員規則４条２項・３項)、「重大違反者の業界からの排除」が図られている。不都合行為者制度においては、弁明手続、不服申立て手続および解除手続が設けられている（協会従業員規則13条、13条の４～15条)。

日本証券業協会・不都合行為者制度等に関するワーキング・グループ報告書「不都合行為者制度等エンフォースメントの整備について」（平成25年６月18日）では、改正金商法192条の２により氏名公表された場合であって、かつ、その行為が金融商品取引業の信用を著しく失墜させたと認められる場合には、一級不都合行為者（業界永久追放）の取扱いを検討するとされている。

仮に協会員の従業員等について改正金商法192条の２に基づき「誤った公表」がなされ、かつ、当該公表をふまえて日本証券業協会により当該従業員等が不都合行為者（特に一級不都合行為者）として決定されると、当該従業員等は、職業選択の自由を大幅に制限されるなどの甚大な不利益を受けてしまう。

金融商品取引業者等は、金融行政当局（金融庁・証券取引等監視委員会・各財務局等）の規制監督監視のもとにあり、かつ、行政当局と公式的に争うことに伴うレピュテーショナル・リスクが大きいことなどから、金融行政当局による監督・監視上の措置を公式的に争うことが事実上困難な面がある。こうした実態のもとでは、当該従業員等は個人として金融行政当局による事実認定等を争わざるを得ないことになる。

不祥事が起こると、厳罰化を求める「世間」の「感情」が盛り上がり、当局が、不祥事が起きたことに対する「政治」「マスコミ」「世間」からの自らへの批判を払拭しようとして、対象者に対して厳罰化を安易に遂行する可能性も否定できない。金融行政当局および日本証券業協会は、厳罰化を求める「感情」的議論に惑わされることなく、無実な者が処分されることのないように、「法と証拠」に基づく公正かつ慎重な対応をすることが一層求められる。

第3章

上場投資法人の投資口のインサイダー取引規制の対象化

1　上場投資法人の投資口のインサイダー取引規制の対象化

(1)　上場投資法人の投資口のインサイダー取引規制の対象化の趣旨

「現在、上場投資法人に係る投資証券の取引は、原則としてインサイダー取引規制の対象外とされている。このことの背景としては、投資口について運用資産の純資産価額に基づく価格形成が行われ、インサイダー取引の余地が比較的小さいため対象外とされていたことが考えられる。しかし、実際の価格動向を見ると、例えばスポンサー企業の変更等によっても相当程度変動しており、こうした情報が公になる前に知り得る立場の人が当該情報を知って取引を行えば、証券市場の公正性・健全性に対する投資家の信頼を害するおそれがある。

諸外国では、一般に、上場投資法人に係る投資証券に相当するものはインサイダー取引規制の対象とされている。また、我が国の多数の上場投資法人は、投資証券がインサイダー取引規制の対象外であることをリスクとして投資家に説明している。

これらの事情を踏まえ、投資法人特有の事情を考慮しつつ、上場投資法人に係る投資証券の取引をインサイダー取引

規制の対象とすることが適当である。」（投信WG最終報告12頁）

(2) 改正金商法163条の規定

【改正金商法163条１項】

会社関係者などのインサイダー取引規制の適用対象となる「上場会社等」の範囲に、金商法２条１項11号に掲げる有価証券（投信法に規定する投資証券若しくは投資法人債券又は外国投資証券）で金融商品取引所に上場されているもの、店頭売買有価証券または取扱有価証券に該当するものの発行者を追加。

【改正金商法163条１項】

会社関係者などのインサイダー取引規制の適用対象となる「特定有価証券」の範囲に、金商法２条１項11号に掲げる有価証券（投信法に規定する投資証券若しくは投資法人債券又は外国投資証券）を追加。

(3) コメント

投資法人の発行する投資証券（投信法２条15項）のみならず、投資法人の発行する投資法人債券（投信法２条18項）および外国投資法人の発行する外国投資証券（投資証券または投資法人債券に類する証券）も、インサイダー取引規制の対象化されている（投信法２条23項、220条１項柱書）。

現行の公開買付規制の対象となる「株券等」には「投資証券等」が含まれている（金商法27条の２第１項、金商法施行令６条１項３号）。「投資証券等」とは、投資証券および外国投資証券で投資証券に類する証券をいう（金商法施行令１条の４第１号）。しかしながら、投資証券等は、公開買付者等関係者などのインサイダー取引規制における買付け等・売付け等の禁止対象となる「特定株券等」の範囲に含まれていない（金商法167条１項柱書、金商法施行令33条）。改正金商法では特段の改正は行われていないが、政令改正により「特定株券等」の範囲に「投資証券等」を追加する改正が行われることになるものと思われる。

2　上場投資法人等・資産運用会社・スポンサー企業の関係者の会社関係者への追加

(1)　資産運用会社・スポンサー企業関係者の会社関係者への追加の趣旨

「投資法人では、主として業務委託先である資産運用会社で取得物件に関する重要情報の取得・保有・管理が行われており、規制対象とする取引主体の範囲を定めるにあたり、資産運用会社を『投資法人の契約締結先』との位置付けではなく、投資法人自体と同様に取り扱うことが適当である。また、スポンサー企業については、上記のような価格の変動が見られることに加え、人員・ノウハウや投資対象物件の提供等の面で大きな役割を果たしていることも踏まえ、規制の対象とすべきである。これにより、投資法人及び資産運用会社に加え、スポンサー企業の関係者がその職務等に関し、重要事実を知った場合及びこれら関係者からの情報受領者を規制対象とすることが適当である。」（投信WG最終報告12頁）

(2) 改正金商法166条の規定

【改正金商法166条1項1号（改正）】

「会社関係者」（上場会社等の役員等）の対象となる「上場会社等」の範囲に、以下を追加。

「当該上場会社等が上場投資法人等である場合における当該上場会社等の資産運用会社及びその特定関係法人を含む。以下この項において同じ。」

【改正金商法166条1項2号の2（新設）】

「会社関係者」の対象として、以下を追加。

「当該上場会社等の投資主（投信法2条16項に規定する投資主をいう。以下この号において同じ。）又は同法128条の3第2項において準用する会社法433条3項に定める権利を有する投資主（これらの投資主が法人であるときはその役員等を、これらの投資主が法人以外の者であるときはその代理人又は使用人を含む。） 投信法128条の３第１項に定める権利又は同条２項において準用する会社法433条３項に定める権利の行使に関し知つたとき」

【改正金商法166条５項（改正）】

「特定関係法人」とは、次の各号のいずれかに該当する者をいう。

① 上場投資法人等の資産運用会社を支配する会社として政令で定めるもの

② 上場投資法人等の資産運用会社の利害関係人等（投信法201条１項に規定する利害関係人等をいう。）のうち、当該資産運用会社が当該上場投資法人等の委託を受けて行う運用の対象となる特定資産の価値に重大な影響を及ぼす取引を行い、又は行った法人として政令で定めるもの

⑶ コメント

金商法166条のインサイダー取引規制の対象となる「会社関係者」として、次の者が追加されている。

① 上場投資法人等ならびに上場投資法人等の資産運用会社および特定関係法人（スポンサー企業）の役員等（同条１項１号）

② 上場投資法人等の会計帳簿等閲覧等請求権を有する投

資主など（同項2号の2）

これに伴い、次の者が「会社関係者」に含まれることになる。

③　上場投資法人等の資産運用会社またはその特定関係法人（スポンサー企業）の会計帳簿等閲覧等請求権を有する株主など（同項2号）

④　上場投資法人等または上場投資法人等の資産運用会社もしくはその特定関係法人（スポンサー企業）に対する法令に基づく権限を有する者（同項3号）

⑤　上場投資法人等または上場投資法人等の資産運用会社もしくはその特定関係法人（スポンサー企業）と契約を締結している者または締結の交渉をしている者（当該法人の役員等を含む。）であって、上場投資法人等または上場投資法人等の資産運用会社もしくはその特定関係法人（スポンサー企業）の役員等以外のもの（同項4号）

⑥　②③⑤の者であって法人であるものの役員等（その者が役員等である当該法人等の他の役員等が、それぞれ第2号、第2号の2または第4号に定めるところにより、上場投資法人等または上場投資法人等の資産運用会社にかかる業務等に関する重要事実を知った場合におけるその者に限る）（同項5号）

これらの者は、「会社関係者」として、情報伝達行為・取引推奨行為に対する規制（改正金商法167条の2第1項）の適用対象者となる。

これに対して、上場投資法人等の資産保管会社（投信法２条20項）および一般事務受託者（投信法２条21項）は、会社関係者とされていない。

なお、上記②の会社関係者に関連して、投信法128条の３第１項に定める権利は、投資法人の会計帳簿等の閲覧等の請求の権利である。投信法128条の３第２項において準用する会社法433条３項に定める権利は、親法人（他の投資法人を子法人とする投資法人（投信法81条１項））の投資主が内閣総理大臣の許可を得て子法人である投資法人の会計帳簿等の閲覧等を請求できることである。

3 上場投資法人等に関する「業務等に関する重要事実」

(1) 上場投資法人等に関する「業務等に関する重要事実」の趣旨

「重要事実については、

○投資口の内容及び条件の変化（例：公募増資の発表）

○投資法人の財産の変化（例：大口テナントの退去の発表、業績予想の修正の発表）

○投資法人の運営や業務の変化（例：倒産手続の申立ての発表）

○資産運用会社の運営や業務の変化及びスポンサー企業の

交代等（例：スポンサー企業の異動の発表）

といった情報が投資家の投資判断に影響を与えていることを踏まえ、具体的な制度化を進めることが適当である。」（投信WG最終報告12頁・13頁）

⑵　改正金商法166条の規定

【改正金商法166条２項９号（新設）】

当該上場会社等（上場投資法人等に限る。次号から14号までにおいて同じ。）の業務執行を決定する機関が次に掲げる事項を行うことについての決定をしたこと又は当該機関が当該決定（公表がされたものに限る。）に係る事項を行わないことを決定したこと。

イ　資産の運用に係る委託契約の締結又はその解約

ロ　投信法82条１項に規定する投資法人の発行する投資口を引き受ける者の募集

ハ　投資口の分割

ニ　金銭の分配

ホ　合併

ヘ　解散（合併による解散を除く。）

ト　イからヘまでに掲げる事項に準ずる事項として政令で定める事項

【改正金商法166条２項10号（新設）】

当該上場会社等に次に掲げる事実が発生したこと。

イ　災害に起因する損害又は業務遂行の過程で生じた損害

ロ　特定有価証券又は特定有価証券に係るオプションの上場の廃止又は登録の取消しの原因となる事実

ハ　イ又はロに掲げる事実に準ずる事実として政令で定める事実

【改正金商法166条２項11号（新設）】

当該上場会社等の営業収益、経常利益若しくは純利益（第４項第２号において「営業収益等」という。）又は第９号ニに規定する分配について、公表がされた直近の予想値（当該予想値がない場合は、公表がされた前営業期間（投信法129条２項に規定する営業期間をいう。以下この号において同じ。）の実績値）に比較して当該上場会社等が新たに算出した予想値又は当該営業期間の決算において差異（投資者の投資判断に及ぼす影響が重要なものとして内閣府令で定める基準に該当するものに限る。）が生じたこと。

【改正金商法166条２項12号（新設）】

当該上場会社等の資産運用会社の業務執行を決定する機関が当該資産運用会社について次に掲げる事項を行うことについての決定をしたこと又は当該機関が当該決定（公表がされたものに限る。）に係る事項を行わないことを決定したこと。

イ　当該上場会社等から委託を受けて行う資産の運用であって、当該上場会社等による特定資産（投信法２条

1項に規定する特定資産をいう。第5項第2号において同じ。）の取得若しくは譲渡又は貸借が行われることとなるもの

ロ　当該上場会社等と締結した資産の運用に係る委託契約の解約

ハ　株式交換

ニ　株式移転

ホ　合併

ヘ　解散（合併による解散を除く。）

ト　イからヘまでに掲げる事項に準ずる事項として政令で定める事項

【改正金商法166条2項13号（新設）】

当該上場会社等の資産運用会社に次に掲げる事実が発生したこと。

イ　52条1項の規定による29条の登録の取消し、同条の規定による当該上場会社等の委託を受けて行う資産の運用に係る業務の停止の処分その他これらに準ずる行政庁による法令に基づく処分

ロ　特定関係法人の異動

ハ　主要株主の異動

ニ　イからハまでに掲げる事実に準ずる事実として政令で定める事実

【改正金商法166条2項14号（新設）】

第9号から前号までに掲げる事実を除き、当該上場会

社等の運営、業務又は財産に関する重要な事実であって投資者の投資判断に著しい影響を及ぼすもの

(3) コメント

「業務等に関する重要事実」(金商法166条2項) として、次のものが定められている。

① 上場投資法人等の決定事実 (改正金商法166条2項9号)
② 上場投資法人等の発生事実 (同項10号)
③ 上場投資法人等の決算情報 (同項11号)
④ 上場投資法人等の資産運用会社の決定事実 (同項12号)
⑤ 上場投資法人等の資産運用会社の発生事実 (同項13号)
⑥ 上場投資法人等のバスケット条項 (同項14号)

決定事実 (上記①④) および発生事実 (上記②⑤) については、政令により追加可能とされており、また、軽微基準が設けられることになる (改正金商法166条2項柱書)。また、決算情報 (上記③) については、重要性基準が設けられることになる。

一方、上場投資法人等の資産運用会社の決算情報およびバスケット条項並びにスポンサー企業にかかるすべての重要事実は、「業務等に関する重要事実」とされていない。また、上場投資法人等の資産保管会社および一般事務受託者にかかる重要事実も、「業務等に関する重要事実」とされていない。

なお、改正金商法166条1項各号に規定する「当該上場会

社等」には、上場投資法人等ならびにその資産運用会社および特定関係法人が含まれる（同項1号）のに対し、改正金商法166条2項9号～14号に規定する「当該上場会社等」は上場投資法人等に限られている（同項9号）。

4 上場投資法人の投資口のインサイダー取引規制における「公表」

(1) 概　　要

上場投資法人の投資口のインサイダー取引規制の新設にあわせて、「公表」措置も追加されている（改正金商法166条4項2号～4号）。

(2) 改正金商法166条の規定

【改正金商法166条4項】

…公表がされたとは、次の各号に掲げる事項について、それぞれ当該各号に定める者により多数の者の知り得る状態に置く措置として政令で定める措置がとられたこと…をいう。

② 上場投資法人等に係る第1項に規定する業務等に関する重要事実であって第2項第9号若しくは第11号に規定するもの、上場投資法人等の業務執行を決定する

機関の決定又は上場投資法人等の営業収益等若しくは同項９号ニに規定する分配　当該上場投資法人等

③　上場投資法人等に係る第１項に規定する業務等に関する重要事実であって第２項第12号に規定するもの又は上場投資法人等の資産運用会社の業務執行を決定する機関の決定　当該上場投資法人等の資産運用会社

④　上場投資法人等に係る第１項に規定する業務等に関する重要事実であって第２項第10号、第13号又は第14号に規定するもの　当該上場投資法人等又は当該上場投資法人等の資産運用会社

(3)　コメント

「業務等に関する重要事実」に応じて、次の者が公表の主体とされている。

①　上場投資法人等の決定事実（改正金商法166条２項９号）
当該上場投資法人等

②　上場投資法人等の発生事実（同項10号）
当該上場投資法人等または資産運用会社

③　上場投資法人等の決算情報（同項11号）
当該上場投資法人等

④　上場投資法人等の資産運用会社の決定事実（同項12号）
資産運用会社

⑤　上場投資法人等の資産運用会社の発生事実（同項13号）

当該上場投資法人等または資産運用会社

⑥　上場投資法人等のバスケット条項（同項14号）

当該上場投資法人等または資産運用会社

5　上場投資法人の投資口のインサイダー取引規制の適用除外

(1)　概　　要

上場投資法人の投資口のインサイダー取引規制の新設にあわせて、適用除外規定も新設されている。

(2)　投資口の買取り請求

改正金商法166条6項3号では、投資口の買取りの請求に基づき売買等をする場合が追加されている。具体的には、投信法141条1項（投資主の払戻しにかかる規約の変更）、149条の3第1項（反対投資主の投資口買取請求）、149条の8第1項（同）および149条の13第1項（同）に基づく場合である。

改正金商法167条5項3号では、「買取りの請求」について、「これらに相当する他の法令の規定による請求として政令で定めるものを含む。」が追加されている。政令改正により、投信法に基づく投資口の買取り請求が定められるものと思われる。

⑶　対抗買い

改正金商法166条6項4号では、いわゆる対抗買いが適用除外されるための要件として、上場会社等の取締役会が決定した要請（委員会設置会社にあっては、執行役の決定した要請を含む。）に基づくことが要件とされているところ、「取締役会」について、「これに相当するものとして政令で定める機関を含む。次条第5項5号において同じ。」が追加されている。

政令において、上場投資法人等の機関が定められるものと思われる。

⑷　社 債 券

改正金商法166条6項6号では、「第2条第1項第11号に規定する投資法人債券」が追加されている。

6　売買報告義務・短期売買利益提供義務の適用

⑴　概　　要

上場会社等の役員ならびに上場会社等の10％以上の議決権を保有している主要株主および組合等による株式等の取引については、売買報告書の提出が義務づけられているとともに、6か月以内に売買等およびその反対の取引を行うこと（短期売買）により得た利益の上場会社等への提供が義務づけられている（金商法163条、164条、165条の2）。これらの者がその職務または地位により取得した秘密を不当に利用することを防止し、インサイダー取引を間接的に防止するためにである。

改正金商法163条および164条では、上場投資法人等の役員および上場投資法人等の資産運用会社の役員についても、当該上場投資法人等の投資証券・投資法人債券・外国投資証券の売買等をした場合、売買報告書の提出義務および短期売買利益提供義務の対象とされている。

(2) 改正金商法163条の規定

【改正金商法163条1項】

上場会社等の役員（投信法2条12項に規定する投資法人である上場会社等（166条において「上場投資法人等」という。）の資産運用会社（同法2条19項に規定する資産運用会社をいう。166条において同じ。）の役員を含む。以下この条から165条までにおいて同じ。）

(3) コメント

「上場会社等」には「上場投資法人等」が含まれる。したがって、上場投資法人等の役員または上場投資法人等の資産運用会社の役員は対象とされているが、上場投資法人等のスポンサー企業（特定関係法人）の役員は対象とされていない。

また、上場投資法人等のいわば主要投資主および上場投資法人等の資産運用会社の主要株主は、対象とされていない。

第4章

公開買付者等関係者の範囲の拡大

⑴　公開買付者等関係者の範囲の拡大の趣旨

①　現状の課題

「最近の『公開買付者等関係者』（金商法167条1項）に係るインサイダー取引事案では、公開買付対象者（被買付企業）の役職員やその情報受領者によるインサイダー取引が増加している。これまでの課徴金事案においては、公開買付者との守秘義務契約等を基に被買付企業及びその役職員を公開買付者等関係者と認定しているケースが多い。

しかし、現行制度は、被買付企業及びその役職員であることをもって『公開買付者等関係者』と位置付けていないため、一般的に常に被買付企業及びその役職員を『公開買付者等関係者』と認定できるとは限らない状況にある。」（インサイダー WG報告書8頁）

②　求められる対応

「我が国における公開買付けの大半は、あらかじめ公開買付者と被買付企業が合意の上で行う友好的なものであり、また、敵対的な公開買付けの場合でも、その賛否を確認するために、公表前に公開買付者から被買付企業に対して公開買付けに関する事実を告知する場合が多い。買集め行為の場合についても、買集めを行う者が被買付企業の経営に影響を及ぼす目的を有していることなどから、公表前に被買付企業に対して買集めに関する事実を伝達する場合もある。

これらを踏まえれば、被買付企業及びその役職員は、未公表の公開買付け等事実を公開買付者等からの伝達により知り得る特別の立場にあると考えられるため、『公開買付者等関係者』の範囲に加えることによって規制対象とすることが適当である。」(インサイダーWG報告書８頁)

⑵ 改正金商法167条の規定

【改正金商法167条１項５号】

当該公開買付け等（上場株券等の第27条の22の２第１項に規定する公開買付けを除く）に係る上場等株券等の発行者（その役員等を含む） 当該公開買付者等からの伝達により知ったとき（当該役員等にあっては、その者の職務に関し当該公開買付者等からの伝達により知ったとき。)。

⑶ コメント

実質的には第１次情報受領者の立場にある被買付企業（上場等株券等の発行者）およびその役員等が「公開買付者等関係者」とされている。改正金商法166条１項３号～５号の「会社関係者」および改正金商法167条１項３号・４号・６号の「公開買付者等関係者」と同様に、いわゆる「準内部者」として位置づけられているものといえる。

被買付企業およびその役員等が公開買付者等からの伝達により知ったときに限られている。

被買付企業およびその役員等は、「公開買付者等関係者」として、情報伝達行為・取引推奨行為に対する規制（改正金商法167条の２第２項）の適用対象者となる。

第5章

公表措置

1 金融商品取引所における取組み

(1) 金融商品取引所における取組みの趣旨

「上場会社に係る重要事実についてスクープ報道がなされた場合、当該上場会社において、当該報道に関する事実についてより踏み込んだ情報開示が行われるよう検討することが求められる。なお、そうした検討を踏まえながら、一定の要件を満たす情報開示については、インサイダー取引規制が解除される重要事実の『公表』措置（金商法166条４項）に該当するのではないかという点についても検討することが適当である。」（インサイダー WG報告書12頁）

(2) 改正金商法の規定

改正金商法の規定自体では、上記(1)の趣旨に則した改正は行われていない。

(3) コメント

上場会社が未公表の重要事実を一部の報道機関に対して情報伝達し、いわゆるスクープ報道がなされるとの実務的慣行がみられるようである。当該情報伝達行為自体については、情報伝達行為・取引推奨行為に対する規制（改正金商法167条の２）における主観的要件に該当しないものとして、インサイダー取引規制に違反しないものと解される。

たとえば未公表の公募増資についてスクープ報道がなされた場合において、同日午後に正式な公表が行われる場合には、次のような流れとなる。

① 当日の朝刊または朝のニュース報道においてスクープ報道がなされる。

② 当該上場会社は、金融商品取引所において「本日●月●日、当社の増資について、一部の報道機関による報道がなされましたが、当社が発表したものではありません。現時点では決定した事実はありませんが、開示すべき事実が決定した場合は、速やかに公表いたします。」と適時開示する。

③ 同日、当該上場会社の臨時取締役会において、当該公募増資について決議する。

④ 同日、当該上場会社は、EDINET（電子開示システム）を通じて関東財務局長に対し有価証券届出書を提出する。

⑤ 同日の金融商品取引所の午後の売買立会（午後立会）終了後に「新株式発行および株式売出しに関するお知らせ」を適時開示する。

こうした開示が行われる背景として、上場会社では、スクープ報道の直後に関係先との必要な調整や法律専門家の助言等をふまえて短時間のうちにコメントを準備する必要があり、必要かつ十分な内容を確保することは実務的には難しいこと、また、たとえばエクイティ・ファイナンスにかかる有価証券届出書の提出前における適時開示が届出前の勧誘禁止（金商法４条１項本文）に抵触するおそれがあるとの懸念があると指摘されている。

上記(1)の趣旨に則して、適時開示に関する実務慣行の改善に向けての実務的な検討が行われ、「当該報道に関する事実についてより踏み込んだ情報開示」が進められるなかで、「一定の要件を満たす情報開示」の「公表」措置（金商法166条４項）への該当性について検討されることになるものと思われる。たとえば、報道内容を実質的に肯定するコメントの適時開示が行われた場合には、実際に報道された内容と相まって、「公表」に該当し得るとの指摘がみられる。

2 日本証券業協会における取組み

日本証券業協会は、平成25年４月16日付で、「公募増資等の公表前における情報漏えい等への対応に係る『有価証券の引受け等に関する規則』の一部改正について」を公表した（同年７月１日施行）。改正された「有価証券の引受け等に関する規則」（以下「改正引受規則」という。）は、公募増資等の公表前にスクープ報道がなされた場合などに適用されることになる。

当該改正の概要は、第１に、引受会員は、その役職員により募集・売出しにかかる法人関係情報の外部への漏えい（業務上必要な場合において所定の手続に則るときを除く。）が行われたことが、当該募集・売出しの公表前に判明した場合には、当該募集・売出しの引受けを行ってはならない（改正引受規則34条の２第１項本文）。ただし、当該引受会員が当該漏えいについて当該上場発行者に報告を行ったうえ、当該上場発行者が当該引受会員に対して引受けを行うことを要請した場合は、この限りでない（同項ただし書）。この場合、当該引受会員は、当該漏えいおよび当該要請について、主幹事会員に対して報告を行わなければならない。「業務上必要な場合において所定の手続に則るときを除く。」における「所定の手続」とは、当該引受会員の社内規則等において定める法人関係情報の伝達手続が想定されている。

第２に、主幹事会員は、募集・売出しの公表前に、当該募集・売出しが行われることを知った者による取引（他の規定の対象となる取引を除く。）が行われたことが判明した場合または当該募集・売出しにかかる上場発行者の株価に大幅な下落が認められた場合には、当該募集・売出しの日程について、当該上場発行者と協議を行う（同条２項）。

3　証券取引等監視委員会の取組み

証券取引等監視委員会「証券取引等監視委員会の活動状況」（平成25年６月）では、「市場動向の背景にある問題の分析」として、以下の分析がみられる。

「②　重要事実に関する報道について

金融商品取引所の有価証券上場規程において、「上場会社は、投資者への適時、適切な会社情報の開示が健全な金融商品市場の根幹をなすものであることを十分に認識し、常に投資者の視点に立った迅速、正確かつ公平な会社情報の開示を徹底するなど、誠実な業務遂行に努めなければならない。」と定められている。

このため、上場企業は、内部者取引規制上の重要事実等に関する企業情報が新聞の朝刊等で報道されたときは、速やかに当該報道に関する適時開示を行っている。具体的には、報道後最初の適時開示では、「当社が発表したものではない」「本件に関し決定した事実はない」「開示すべき事実が決定した場合は速やかに開示する」等の一定の文言を公表し、当日の株式市場の取引終了後に、当該報道とほぼ同じ内容の適時開示又は記者会見を行う事例が多くみられる。

そこで、平成24年３月期決算発表が集中する同年４月下旬から５月上旬までの適時開示の状況について分析を行った。」

第6章

資産運用業者の
違反行為に対する
課徴金の引上げ

1　資産運用業者の違反行為に対する課徴金の引上げ

⑴　資産運用業者の違反行為に対する課徴金の引上げの趣旨

①　現状の課題

「不公正取引に対する課徴金制度は、平成16年の旧証券取引法（現金商法）改正において、違反行為の抑止を図り、規制の実効性を確保する目的で導入された。そして、平成20年の金商法改正により、それまでの『自己の計算』による不公正取引に加え、『他人の計算』による不公正取引についても課徴金の対象とされた。

現行制度では、『他人の計算』でインサイダー取引が行われた場合、当該取引に係る『手数料、報酬その他の対価の額（として内閣府令で定める額）』の課徴金を課すこととなっており、内閣府令では、①資産運用として違反行為を行った場合には、『違反行為が行われた月の報酬額』に『運用財産の総額に対する対象銘柄の割合』を乗じた金額、②①以外により違反行為を行った場合には、『違反行為の対価』の額を課徴金額とすることが定められている。

課徴金制度は、違反行為の抑止という観点から、違反行為者に対して金銭的負担を課す行政上の措置であり、課徴金額の水準は、違反抑止を図り、規制の実効性を確保するために十分なものである必要がある。しかしながら、最近の違反事案を踏まえると、現行の『他人の計算』による違反行為に係る課徴金額の計算方法は、違反行為に対する抑止効果が十分に期待できないものとなっているため、違反行為者が一般的に得られる利得を適切に捉えた計算方法になるよう見直しを行うことが適当である。」（インサイダー WG報告書６頁）

②　「他人の計算」による違反行為を行った者の利得

「『他人の計算』により違反行為を行う可能性がある者としては、①運用委託契約等に基づき資産運用業務を行う者（資産運用業者）、及び、②その他業者以外の者も含め主に単発の取引を行う者が類型的に考えられる。

①については、資産運用業者は、違反行為によって将来にわたり継続的に運用報酬を維持・増加させることが可能であり、その利得は違反行為に係る対象銘柄に対応する部分だけでなく、顧客からの運用報酬全体に及んでいるものと考えられる。

このため、現行の課徴金額の計算方法は、資産運用業者が一般的に享受する利得を十分に捉えたものとなっていない。資産運用の委託は継続的な契約であり、投資家と資産運用業者の間で運用委託契約が締結されれば、相当の期間、運用報酬を継続的に得ることが可能であることを踏まえ、課徴金額については、一定期間（例えば３ヶ月）の運用報酬額を基準とする計算方法に見直していくことが適当である。

一方、②については、違反行為に基づく直接的な報酬等が違反行為者の得る一般的な利得と考えられるため、違反行為の対価を課徴金額とする現行の計算方法が基本的に適当である。」（インサイダーWG報告書6頁・7頁）

(2) 改正金商法175条の規定

【改正金商法175条1項3号・2項3号（改正）】

166条1項に規定する売買等をした者又は167条1項に規定する買付け等若しくは売付け等をした者が、自己以外の者の計算において、当該売買等又は買付け等若しくは売付け等をした場合　次のイ又はロに掲げる当該売買等又は当該買付け等若しくは売付け等をした者の区分に応じ、当該イ又はロに定める額

イ　運用対象財産（投資運用業に該当する行為のいずれかを業として行う者が権利者のため運用を行う金銭その他の財産）の運用として当該売買等又は当該買付け等若しくは売付け等を行った者

当該売買等又は当該買付け等若しくは売付け等の日の属する月（当該売買等又は当該買付け等若しくは売付け等が2以上の月にわたって行われたものである場合には、これらのうち最後の月）における運用対象財産のうち内閣府令で定めるものの運用の対価に相当する額として内閣府令で定める額に3を乗じて得た額

ロ　イに掲げる者以外の者

当該売買等又は当該買付け等若しくは売付け等に係る手数料、報酬その他の対価の額として内閣府令で定める額

(3) コメント

他人（ファンドなど）の計算において運用を行う資産運用業者（投資運用業を行う者）については、課徴金額が運用報酬全体の3か月分に引き上げられている（改正金商法175条1項3号イ・2項3号イ）。

一連の増資インサイダー取引事案にあてはめて試算すると、現行で課徴金額12万円の事案については2億8,560万円、現行で課徴金額8万円の事案で8,868万円になるとのことである（参議院財政金融委員会（平成25年6月4日）麻生金融担当大臣答弁）。

なお、「運用対象財産」は、改正金商法173条1項4号イに定義されている。

2　違反行為を行った者の利得の計算方法

(1) 違反行為を行った者の利得の計算方法の趣旨

「違反行為者が、例えば複数のグループ会社が組成・関与

する海外ファンドの運用を行うような場合には、違反事案の調査において、課徴金額の計算のために必要となるファンドの詳細な内容や違反行為者の得る利得の細部が必ずしも明確とならないケースも生じ得る。こうした場合に、違反行為を行った事実は明らかであっても、課徴金額の計算ができず、課徴金を課すことができないこととなれば、違反行為の抑止を十分に図ることができず、また、課徴金調査を逃れるための潜脱的なスキーム作りが行われるおそれがある。

このため、違反事実が認められたにもかかわらず、課徴金額の計算のための計数が直接に把握できないような場合について、適切に課徴金を計算できることができるような計算方法を検討することが適当である。」（インサイダー WG報告書7頁）

⑵　改正金商法の規定

特に新しい規定なし。

⑶　コメント

「金融商品取引法第6章の2の規定による課徴金に関する内閣府令」の改正により対応されることになるものと思われる。

第7章

インサイダー取引規制の適用除外の拡大

1 対抗買いに関する適用除外規定の解釈の明確化

(1) 対抗買いに関する適用除外規定の解釈の明確化の趣旨

「現行の対抗買いに関する適用除外規定（金商法166条6項4号、167条5項5号）についても、実務面で利用し難いとの指摘があることを踏まえ、解釈の明確化等を図っていくことが適当である。」（インサイダーWG報告書10頁）

(2) 改正金商法の規定

改正金商法には、上記(1)の趣旨に則した規定は設けられていない。

(3) コメント

上記(1)の「実務面で利用し難いとの指摘」とは、①被買付企業にとって、公開買付け等をするかどうかというのは他者情報であるため、「公開買付け等に対抗するため」との要件における「公開買付け等」に該当する事実が存在するか否かを確実に把握することは難しく、どのような場合に当該要件を満たすかが分かりにくいとの指摘、および②被買付企業が対抗買いを要請する場合には「取締役会が決定した要請」との要件が設けられているところ、当該要件の決定が適時開示事項となっている（東京証券取引所・有価証券上場規程402条1号y）ために、対抗買いを行うにあたって実務面で利用しにくいとの指摘である。

上記(1)の趣旨（解釈の明確化等）は、金融庁のQ&A等で定められることになるものと思われる。

2 いわゆるクロクロ取引にかかる適用除外規定の見直し

(1) クロクロ取引にかかる適用除外規定の見直しの趣旨

① 現状の課題

「金商法は、上場会社に係る未公表の重要事実を知っている一定の者の間で行われる相対取引（いわゆる『クロクロ取引』）をインサイダー取引規制の適用除外としている（金商法166条6項7号）。但し、現行法上、会社関係者及び第一次情報受領者の間での取引が適用除外の対象とされているが、第一次情報受領者と第二次情報受領者との間で行う取引は適用除外の対象となっていない。」（インサイダー WG報告書10頁）

② 求められる対応

「第一次情報受領者と第二次情報受領者との間のクロクロ取引についても、例えば大株主が持株比率を下げる等のために市場外でブロックトレードを行う際などに、迂遠な手続が必要となっている現行規制の障害を解消する観点から、適用除外規定の悪用が行われないよう留意しつつ、適用除外の対象とすることが適当と考えられる。」（インサイダーWG報告書10頁）

⑵ 改正金商法166条の規定

【改正金商法166条６項７号（改正）】

［改正前］「第１項又は第３項の規定に該当する者の間において」

［改正後］「第１項に規定する業務等に関する重要事実を知つた者が当該業務等に関する重要事実を知つている者との間において」

【参考：現行の金商法167条５項７号（改正なし）】

公開買付け等の実施に関する事実を知った者が当該公開買付け等の実施に関する事実を知っている者から買付け等を…する場合又は…公開買付け等の中止に関する事実を知った者が当該公開買付け等の中止に関する事実を知っている者に売付け等を…する場合

⑶ コメント

現行では、公開買付者等関係者などのインサイダー取引規制については、第１次情報受領者と第２次情報受領者との間の取引は適用除外の対象とされている（金商法167条５項７号）が、会社関係者などのインサイダー取引規制については、第１次情報受領者と第２次情報受領者との間の取引が適用除外の対象とされていない。

このため、たとえば、上場会社の大株主が持株比率を下げる等のために、保有株を大口で売却する場合に、価格変動リスクを下げる観点から、市場外で相対でブロックトレードを行うことがある。その際に、当該大株主が当該上場会社に関する未公表の重要事実を知っていた場合には、買い手に当該重要事実を伝えたうえで取引を行うことがあるが、現行の実務では、この場合、上場会社が大株主からの依頼に基づいて買い手に重要事実を伝達することにより、あえて買い手を第１次情報受領者にして第１次情報受領者間の取引としており、迂遠な手続が必要となっているとの指摘がある。

当該改正により、会社関係者などのインサイダー取引規制についても、第１次情報受領者と第２次情報受領者との間の取引を含め、業務等に関する重要事実を知っている者同士の間の取引が適用除外の対象となる。

3 公開買付け等事実の情報受領者にかかる適用除外の新設

(1) 公開買付け等事実の情報受領者にかかる適用除外新設の趣旨

① 現状の課題

「公開買付者等関係者に係るインサイダー取引規制では、未公表の公開買付け等事実の情報受領者は、公開買付者等が公開買付け等事実を公表するまで、原則として被買付企業の株券等の買付けができないこととなっている。このため、上場会社の買収の実施を決定した者が他の潜在的な買収者に対して未公表の公開買付け等事実を伝達した場合には、当該他の買収者による買付けを妨げることができるなどの支障が生じていることが指摘されている。

企業買収に関する公正な競争や、有価証券取引の円滑を図る観点から、証券市場の公正性・健全性に対する投資家の信頼を損なうことのない場合には、未公表の公開買付け等事実の情報受領者であっても、被買付企業の株券等の買付けを可能とすることが適当である。」（インサイダーWG報告書８頁・９頁）

② 求められる対応

「未公表の公開買付け等事実を知った者について被買付企

業の株券等の買付けが禁止される趣旨を踏まえると、情報受領者による取引について、一般投資家の取引に対する有利性が相当程度解消されていると認められる場合や、情報受領者の伝達を受けた情報が投資判断を行う上で有用性を失っていると認められる場合には、情報受領者による買付けが許容されるものと考えられる。」（インサイダー WG報告書９頁）

(ア) 取引の有利性が相当程度解消されていると認められる場合

「未公表の公開買付け等事実の情報受領者が、自ら公開買付けを行おうとするときは、公開買付規制（金商法27条の３等）に基づき公開買付開始公告及び公開買付届出書の提出・公衆縦覧が行われる。これらに情報受領者が伝達を受けた情報を記載した場合には、一般投資家に対する取引の有利性が相当程度解消されているため、情報受領者による取引を可能とすることが適当である。

なお、情報受領者が公開買付けではなく、買集め行為を行う場合についても同様の枠組みを設けることが論点となるが、公開買付開始公告や公開買付届出書と同様の媒体が考えられないかといったことを含め、後述の「知る前計画」の活用状況やこの適用除外の枠組みに基づく実務の運用状況等を見極めながら将来的には検討されるべき課題である。」（インサイダー WG報告書９頁）

(イ) 情報の有用性を失っていると認められる場合

「一般に、公開買付け等はその実施決定後、ある程度短期間の内に公表・実施されることを踏まえると、未公表の公開買付け等事実の情報受領者が伝達を受けた後、相当の期間が経過しても公開買付者等により当該事実が公表されない場合には、伝達を受けた情報の価値は劣化しており、情報受領者が過去に伝達を受けた未公表の公開買付け等事実に基づいて投資判断することは想定されにくいものと考えられる。

このため、未公表の公開買付け等事実の情報受領者がいつまでも取引できない不安定な状況に置かれることのないよう、情報受領者が最後に伝達を受けてから相当の期間（例えば6ヶ月）が経過した場合には、情報受領者による取引を可能とすることが適当である。」（インサイダーWG報告書9頁・10頁）

⑵　改正金商法167条の規定

【改正金商法167条5項8号（新設）】

特定公開買付者等関係者（公開買付者等関係者であって第1項各号に定めるところにより同項に規定する公開買付け等の実施に関する事実を知ったものをいう。次号において同じ。）から当該公開買付け等の実施に関する事実の伝達を受けた者（その者が法人であるときはその役員等を、その者が法人以外の者であるときはその代理人又は使用人を含む。）が株券等に係る買付け等をする場合（当該伝達を受けた者が27条の３第１項の規定により行う公告において次に掲げる事項が明示され、かつ、これらの事項が記載された当該伝達を受けた者の提出した同条２項の公開買付届出書が27条の14第１項の規定により公衆の縦覧に供された場合に限る。）

イ　当該伝達を行った者の氏名又は名称

ロ　当該伝達を受けた時期

ハ　当該伝達を受けた公開買付け等の実施に関する事実の内容として内閣府令で定める事項

【改正金商法167条５項９号（新設）】

特定公開買付者等関係者であって第１項１号に掲げる者以外のもの又は特定公開買付者等関係者から同項に規定する公開買付け等の実施に関する事実の伝達を受けた者（特定公開買付者等関係者を除き、その者が法人であるときはその役員等を、その者が法人以外の者であるときはその代理人又は使用人を含む。）が株券等に係る買付け等をする場合（特定公開買付者等関係者にあっては同項各号に定めるところにより同項に規定する公開買付け等の実施に関する事実を知った日から、当該伝達を受けた者にあっては当該伝達を受けた日から６月を経過している場合に限る。）

⑶　コメント

改正金商法167条５項８号は、上記⑴②(ア)の「取引の有利性が相当程度解消されていると認められる場合」についての適用除外を新設するものである。当該適用除外の適用対象者は、「特定公開買付者等関係者」からの情報受領者に限定されている。情報受領者には特定公開買付者等関係者も含まれ得る。

改正金商法167条5項9号は、上記(1)②(イ)の「情報の有用性を失っていると認められる場合」についての適用除外を新設するものである。当該適用除外の適用対象者には、特定公開買付者等関係者からの情報受領者（ただし特定公開買付者等関係者を除く。）に加えて、公開買付者等の役員等（167条1項1号）以外の特定公開買付者等関係者が含まれる。

4 いわゆる知る前契約・計画にかかる適用除外規定の見直し

(1) 知る前契約・計画にかかる適用除外規定の見直しの趣旨

① 現状の課題

「金商法は、上場会社に係る未公表の重要事実を知った者が行う売買等であっても、重要事実を知ったことと無関係に行われる売買等であることが明らかな場合には、証券市場の公正性・健全性に対する投資家の信頼を損なうことはないため、いわゆる『知る前契約』『知る前計画』（金商法166条6項

8号、167条5項8号）として、内閣府令の個別列挙に該当するものであれば、インサイダー取引規制を適用除外している。

これまで適用除外範囲の明確性の確保等の観点から、適用除外となる類型を個別に定めてきたが、当該類型に当てはまらない取引であれば適用除外されないため、例えば、上場会社以外の者の間での『知る前契約』に基づく売買等が適用除外されないなど、実務上の支障が生じている。」（インサイダーWG報告書10項・11頁）

②　求められる対応

「取引の円滑を確保する観点から、次の視点に基づいた基本的考え方を明確化し、より包括的な適用除外の規定を設けるとともに、必要に応じガイドライン等により法令の解釈を事前に示していくことが適当である。

・未公表の重要事実を知る前に締結・決定された契約・計画であること

・当該契約・計画の中で、それに従った売買等の具体的な内容が定められているまど、裁量的に売買等が行われるものでないこと

・当該契約・計画に従った売買等であること

上述の見直しを行うに当たっては、事後的に契約や計画が捏造されるリスクに配意する必要がある。この点については、反復継続して取引を行うことを内容とする『契約』や『計画』であれば、事後的に捏造するおそれは類型的に低

く、また、単発の取引を行うことを内容とする『契約』や『計画』であっても、未公表の重要事実を知る前に締結・決定したことが明確であるような措置（例えば証券会社等による確認を得るなど）がとられるならば、『契約』や『計画』が捏造されるおそれは低いところであり、これらの観点を踏まえ、適切な制度整備が図られることが必要である。」（インサイダー WG報告書11頁）

(2) 改正金商法の規定

いわゆる「知る前契約」「知る前計画」に係る適用除外を定める金商法166条６項８号（平成24年金商法改正後は同項12号）および167条５項８号（平成24年金商法改正後は同項12号、平成25年金商法改正後は同項14号）自体の内容は、改正されていない。

(3) コメント

上記(1)の趣旨に則して、「より包括的な適用除外の規定」を設けるよう、「有価証券の取引等の規制に関する内閣府令」59条（重要事実にかかる規制の適用除外）および63条（公開買付け等にかかる規制の適用除外）が改正され、ガイドライン等が定められることになるものと思われる。

第8章

情報管理体制の強化

1　上場会社の情報管理体制の整備

(1)　金融商品取引所の規則における企業行動規範

金融商品取引所の規則における企業行動規範として、上場会社は、①その役員、代理人、使用人その他の従業者に対し、当該上場会社の計算における内部者取引を行わせてはならず（遵守すべき事項）、および②その役員、代理人、使用人その他の従業者による内部者取引の未然防止に向けて必要な情報管理体制の整備を行うよう努めるものとする（望まれる事項）とされている（東京証券取引所・有価証券上場規程442条、449条）。

(2)　上場会社のインサイダー取引管理体制

上場会社のインサイダー取引管理体制については、東京証券取引所自主規制法人＝株式会社大阪証券取引所ほか「第３回全国上場会社内部者取引管理アンケート—調査報告書」（平成23年８月）に示されている。

当該調査報告書では、①内部者取引管理規程の整備、②重要事実となる情報の管理体制の整備、③役職員の自社株売買等にかかる管理手続（許可型・事前届出型・一部禁止型）、④役職員への啓発・教育活動、および⑤子会社の内部者取引防止体制の整備などが取り上げられている。

上記②の情報管理体制の内容としては、情報管理担当部署・責任者の設置、社内における業務上必要でない相手方への情報開示をしない旨の「知る必要の原則（need to know）」の周知徹底と情報へのアクセス制限、取引先との守秘義務契約の締結、モニタリングの実施や外部専門家との連携などがある。

当該調査報告書では、情報管理にかかる具体的な施策について、「社内において情報管理を徹底するためには、把握した情報の伝達範囲を限定し、情報を伝達する場合にはその手続を明確に定めておくことが望ましいといえます。また、何らかの問題が発生した場合に、事後的に情報の伝達経路を検証し、必要に応じて取引所や当局に報告できる仕組みを設けておくことも情報管理を行う上で重要なポイントとなります。」と指摘されている。

しかしながら、平成25年金商法改正による情報伝達行為・取引推奨行為に対するインサイダー取引規制（会社関係者同士の行為も適用対象）の導入を考慮すると、［表１］のアンケート結果に示される上場会社の取組み状況は、いまだ整備途上にあるといわざるを得ないように思われる。今後、平成25年金商法改正をふまえて、上場会社も、金融商品取引業者等の法人関係情報の管理態勢を参考にしつつ、情報管理体制を一層強化する必要がある。

［表1］　上場会社の情報管理に係る具体的な施策（アンケート結果）

①　情報に重要度区分を付けて重要度に応じた管理をしている（34.1%）。 ②　情報の伝達可能な範囲を規程上明示している（27.3%）。 ③　情報伝達時に情報管理の責任者（上司等）に報告している（53.7%）。 ④　情報伝達経路を文書にして記録している（11.6%）。 ⑤　事後検証が可能なように重要な情報は文書にして伝達している（22.7%）。 ⑥　文書の作成、配布、保管、検索、廃棄等について社内ルールを設けている（52.0%）。 ⑦　情報隔壁（チャイニーズウォール）を設けて情報の流出を制限している（16.1%）。 ⑧　伝達情報に重要事実が含まれていることを相手に伝えている（48.4%）。 ⑨　役職員に対して情報の不用意な流出に繋がる行為を行わぬよう注意を呼びかけている（79.0%）。 ⑩　役職員に対して情報の取扱いに係る守秘義務規定を設けている（57.5%）。 ⑪　役職員から情報の取扱いに係る守秘義務誓約書を徴している（33.0%）。 ⑫　情報を管理システムに登録して一元管理している（5.5%）。 ⑬　内部監査を利用して情報管理に係る取組みの事後検証を行っている（25.8%）。 ⑭　情報管理の徹底について役職員同士で相互チェックしている（11.0%）。 ⑮　特定のプロジェクトについて、検討開始時点から管理している（30.1%）。 ⑯　その他（1.5%）。

(3)　金融商品取引所における取組み

①　「インサイダー取引防止の徹底に向けた取組み等」

東京証券取引所および東京証券取引所自主規制法人（東証自主規制法人）は、増資インサイダー取引事案を受けて、平成24年７月13日に「インサイダー取引防止の徹底に向けた取組み等について」を公表した。

具体的には、東証自主規制法人は、取引参加者の法人関係情報管理態勢検証のさらなる強化を図るため、法人関係情報管理態勢を専門的に考査する「特務考査チーム」を考査部に編成するとともに、内部者取引調査機能の一層の充実を図るため、公募増資銘柄に特化した不公正取引調査を行うための専門部署である「公募増資審査室」を売買審査部に新設した。

②　「金融商品取引所における取組み」の趣旨

「金融商品取引所においては、不正な情報伝達を行った者の所属する上場会社に対し、情報管理に関する先進的な取組み事例等の情報提供や注意喚起を行うなどの取組みを行うことによって、市場の公正性を確保し、適正な取引環境を整備していくことが求められる。」（インサイダー WG報告書12頁）

③　金融商品取引所における取組みの方向性

金融商品取引所においては、不正な情報伝達を行った者の所属する上場会社に対し、情報管理態勢の確認を求め、その態勢が十分でない場合には整備・改善を促すことを目的として、当該上場会社に情報管理態勢にかかる点検を求め、改善措置等について文書による報告を求めることが検討されている。

2 金融商品取引業者等の法人関係情報の管理態勢

(1) 「金融業界における取組み」等の趣旨

「なお、仲介業者の役職員は、上述の主観的要件や取引要件に該当するか否かにかかわらず、その業務の推進等を図るため不当に情報伝達・取引推奨することがあってはならない。この点については、現行の業規制では、法人関係情報を提供した勧誘が禁止されているため、上述の情報伝達・取引推奨行為に対する規制との整合性の確保を図りつつ、基本的には、このような業規制により、そうした行為の抑止が図られていくことが適当である。」（インサイダー WG報告書５頁）

「証券会社においては、各社における法人関係情報の管理態勢の点検・改善等の取組みを継続し、投資家の信頼回復に努めていくことが求められる。

また、自主規制機関においても、金融業界全体の法令遵守態勢や情報管理の質的向上に向け、自主規制ルールの見直しや自主規制ルールに基づくエンフォースメントの強化、営業姿勢等に係る実務慣行の見直し等に取り組んでいくことが求

められる。」（インサイダー WG報告書12頁）

(2) 金融商品取引業者等の行為規制の概要

金商法に基づく金融商品取引業者等（金融商品取引業者または登録金融機関）の行為規制には、インサイダー取引を未然に防止するためのものが含まれている。

具体的には、まず、金融商品取引業者等の禁止行為として、次のものが定められている。

① 顧客の「有価証券の売買その他の取引等」（金商法41条の2第4号参照）がインサイダー取引規制に違反することまたはそのおそれのあることを知りながら当該取引等の受託等をする行為の禁止（金商法38条7号、金商業等府令117条1項13号）

② 有価証券の売買その他の取引または有価証券にかかるデリバティブ取引などにつき顧客に対して発行者の法人関係情報を提供して勧誘する行為の禁止（同項14号）

③ 有価証券募集決定の公表前に投資者の需要見込み調査（いわゆるプレ・ヒアリング）を行う場合において一定の措置を講ずることなく当該募集にかかる法人関係情報を提供する行為の禁止（同項15号）

④ 法人関係情報に基づいて自己の計算において当該法人関係情報にかかる有価証券の売買その他の取引等をする行為の禁止（金商業等府令117条1項16号）である。

上記④の主体は証券会社またはその役職員に限定されてい

る。また、金融庁は上記④の「基づいて」を「知って」と解して運用しているようであるが、文理上は疑問が残る。

次に、金融商品取引業者等の業務運営状況が不適切な状況として、次の状況（禁止状況）が定められている。

① その取り扱う法人関係情報の管理または顧客の有価証券の売買その他の取引等に関する管理について法人関係情報にかかる不公正な取引を防止するために必要かつ適切な措置を講じていないと認められる状況（金商法40条2号、金商業等府令123条1項5号）。

② 証券会社がブロックトレードの仲介として行う買集め行為（公開買付け等事実から除外される軽微基準（金商法167条2項ただし書、取引等規制府令62条2号）に該当するもの）を行う場合に一定の措置（転売目的の約束および直ちに転売できない可能性がある場合における買集め行為後の公表）を講じていないと認められる状況（金商法40条2号、金商業等府令123条1項27号）。

⑶ 金融商品取引業者等の行為規制の趣旨

上記⑵のインサイダー取引の未然防止規制は、いずれも「法人関係情報」にかかわるものである。これは、特に証券会社が法人関係業務を通じ発行会社に関する情報を得やすい立場にあり、その業務上知り得た発行会社に関する情報が営業部店などに流れインサイダー取引に利用されることのないように、証券会社によるインサイダー取引の未然防止体制の充実強化を図るため、昭和63年証取法改正によるインサイダー取引規制の導入におおむねあわせて導入されたものである。

⑷ 「法人関係情報」の意義

「法人関係情報」とは、①上場会社等の運営・業務・財産に関する公表されていない重要な情報であって顧客の投資判断に影響を及ぼすと認められるもの、ならびに②公開買付けおよびこれに準ずる株券等の買集めの実施・中止の決定（軽微基準に該当するものを除く）にかかる公表されていない情報をいう（金商業等府令1条4項14号)。証券会社によるブロックトレードの円滑化を図る観点から、上記②から、公開買付け等事実の軽微基準（金商法167条2項ただし書）に該当するものが除外されている。

法人関係情報（上記①）と会社関係者などのインサイダー取引規制における「業務等に関する重要事実」(金商法166条2項）には、①重要性および②投資判断への影響性という点で共通性がある。また、いずれも、上場会社等以外の者が主体となる情報をも含む一方、市場の需給に関する情報を含まない点でも共通している。そして、法人関係情報にかかる規制がインサイダー取引規制の未然防止であるとの趣旨、後者が個別列挙方式であることや後者のいわゆるバスケット条項では「投資判断に著しい影響」が要件とされていることから、前者の方が後者よりも広範囲の事実を対象とするものである。

ただし、法人関係情報の外延は明確でないため、これを過度に広範に解すると、予測可能性を損なって実務に萎縮効果を及ぼすことになる。このため、「重要な情報であって顧客の投資判断に影響を及ぼすと認められるもの」（影響を及ぼす「おそれ」ではない）の要件について、その文理を超えて事実上上場会社等に関する非公表情報がほとんど含まれることにならないよう、インサイダー取引の未然防止の趣旨をふまえた合理的な解釈を行う必要がある。

また、法人関係情報の定義は「公表されていない重要な情報」であることから、「公表」されれば法人関係情報に該当しないことになる。「公表」の意義について、金融庁はインサイダー取引規制における「公表」（金商法166条４項、金商法施行令30条）と同一に解しているようであるが、インサイダー取引規制における重要事実に該当しない法人関係情報については、そのように解すべき必然性はない。金融庁の解釈を前提とすれば、事前報道されている場合であっても、法人関係情報に該当し得る。

(5) 法人関係情報の管理態勢の整備・運用とPDCAサイクル

金融商品取引業者等は、法人関係情報の管理態勢を適切に整備かつ運用しなければならない。

その際には、いわゆるPDCAサイクルが有効に機能していることが必要である。具体的には、経営陣による①方針の策定（Plan）、②組織態勢・社内規則の整備（Do）、③評価（Check）、および④改善（Action）がそれぞれ適切に行われることが必要である。

3 証券会社の法人関係情報の管理態勢

(1) 日本証券業協会の規則の概要

法人関係情報の管理態勢については、日本証券業協会の自主規制規則として「協会員における法人関係情報の管理態勢の整備に関する規則」（平成22年4月20日）が制定されている（以下「協会規則」という。）。

協会規則は、増資インサイダー取引事案を受けて、一部改正されている（平成25年4月16日一部改正、7月1日一部改正施行）。協会規則の概要は［表2］のとおりである。

［表2］ 協会規則の概要

【協会規則1条：目的】
【協会規則2条：定義】
・「法人関係情報」（1号）
・「管理部門」（2号）
　法人関係情報を統括して管理する部門（法人関係情報の管理を営業所・事務所ごとに行う場合は、その責任者）。
・「法人関係部門」（3号）
　主として業務（金融商品取引業及びその付随業務又は登

録金融機関業務）を行っている部門のうち、主として業務上、法人関係情報を取得する可能性の高い部門。

【協会規則3条：法人関係情報の管理部門の明確化】

【協会規則4条：社内規則の制定】

・法人関係情報を取得した際の手続に関する事項（1号）

・法人関係情報を取得した者等における情報管理手続に関する事項（2号）

・管理部門の明確化及びその情報管理手続に関する事項（3号）

・法人関係情報の伝達手続に関する事項（4号）

・法人関係情報の消滅又は抹消手続に関する事項（5号）

・禁止行為に関する事項（6号）

・その他協会員が必要と認める事項（7号）

【協会規則5条：法人関係情報を取得した際の手続】

・役職員が取得した法人関係情報を直ちに管理部門に報告するなど法人関係情報を取得した際の管理のために必要な手続

【協会規則6条：法人関係情報の管理】

・法人関係部門について、他の部門から物理的に隔離する等、当該法人関係情報が業務上不必要な部門に伝わらないよう管理（1項）

・法人関係情報が記載された書類及び法人関係情報になり得るような情報を記載した書類について、他の部門から隔離して管理する等、法人関係情報が業務上不必要な部門に伝わらないよう管理（2項）

・法人関係情報が記載された電子ファイル及び法人関係情報になり得るような情報を記載した電子ファイルについて、容易に閲覧できない方法をとる等、法人関係情報が業務上不必要な部門に伝わらないよう管理（3項）

【協会規則7条：管理態勢の充実】

・法人関係情報の管理に関し、社内規則に基づき適切に行われているか否かについて、定期的な検査等のモニタリングを行う。

【協会規則8条：規則の考え方】

・規則の運用等に関する事項について、「『協会員における法人関係情報の管理態勢の整備に関する規則』に関する考え方」において定める。

⑵　証券会社の法人関係情報の管理態勢の点検

金融庁は、大型公募増資にかかる法人関係情報の管理に関する問題が相次いだことから、近年の大型公募増資の主幹事証券会社を務めた証券会社12社に対して、法人関係情報の管理態勢の点検を求め（平成24年7月3日）、証券会社12社がそれぞれ点検結果を公表した。

日本証券業協会は、平成24年8月24日に、東京証券取引所自主規制法人と共同して、証券会社51社を集めた「インサイダー取引防止及び法人関係情報管理の徹底に向けた会合」を開催したうえで、大阪証券取引所とも共同して、会員各社に法人関係情報の管理態勢について点検を要請し、点検結果報告書の提出を求めた。日本証券業協会は、「法人関係情報の管理態勢の点検結果概要について」（平成24年10月16日）を公表している。

⑶　日本証券業協会の「規則の考え方」の概要

日本証券業協会は、増資インサイダー取引事案を受けて、「『協会員における法人関係情報の管理態勢の整備に関する規則』に関する考え方」を定めている（平成25年４月16日制定、７月１日施行）（以下「協会規則の考え方」という。）。

協会規則の考え方は、協会員における法人関係情報の管理態勢等の整備に資するため、規則の運用等にあたっての留意事項や具体例を示すものである。協会員が業務上取得する法人関係情報の漏えいや不正利用による不公正取引を防止するためには、自社の法人関係情報の管理態勢について形式的な整備にとどまることなく、自社の業態、社内組織、規模等に応じた実効性のある管理態勢の整備を図る必要がある。協会員は、自社の業態、社内組織、規模等に応じて、協会規則の考え方に示す留意事項や具体例の項目について、必ずしも社内規則等にすべてを規定する必要はないが、協会規則の考え方をふまえる必要がある。

⑷　法人関係情報の「関連情報」の管理

①　概　　要

「協会規則の考え方」は、「法人関係情報」の外延が明確でないことから、法人関係情報の実効性のある管理態勢を整備するため、法人関係情報のみならず、その「関連情報」の管理も求めているものといえる。

②　「将来法人関係情報になる蓋然性の高いと考えられる情報」

第１に、「現時点では法人関係情報ではないが、将来法人関係情報になる蓋然性の高いと考えられる情報（例えば、具体的方法の決定には至っていないが、一定の時期や規模が想定される資本調達ニーズに関する情報等)」について、たとえば、取得した際報告する、電子ファイルを含む書類により管理を行う、または業務上必要な場合を除き、伝達制限の対象とすること等が考えられる。

上記の「将来法人関係情報になる蓋然性の高いと考えられる情報」については、管理部門等において、個別具体的な事例に即して実質的かつ総合的に判断されるものであると説明されている。

③ 「示唆情報等」

第2に、「それ自体は法人関係情報に該当するわけではないが、他の情報と相まって法人関係情報となり得る情報(以下「示唆情報等」という。)」に関しても、業務上必要な場合を除き、伝達を制限することが考えられる。たとえば、次のようなものが「示唆情報等」に該当することが考えられる。

(ア) 「法人関係情報を取得していることを示唆する情報(示唆情報)」

たとえば、増資案件が存在することを直接的にほのめかす場合に限られず、管理部門が、所定の手続に則って、アナリストに対してアナリスト・レポートの公表を制限する旨を伝達する場合や営業部門によるブロック取引の事前確認に対して法人関係情報の存在を理由に取引不可とされている旨を伝達する場合の当該情報等も示唆情報となり得ると考えられる。

(イ) 「いわゆる『ノンネーム』での増資等の情報」

たとえば、法人関係情報を取得している場合において、銘柄名は伝達しないものの、業種、増資の時期、増資の規模等の一部又は全部について伝達することにより法人関係情報の存在を推知し得る場合における当該情報なども示唆情報等となり得ると考えられる。

「示唆情報等」については、示唆情報等となり得ると考えられる情報の伝達行為をすべて禁止することを求めているものではなく、法人関係情報を取得している協会員は、自社の業態、社内組織や規模等に応じて、取得している法人関係情報および取引内容に照らして、伝達の要否の判断や伝達後の情報管理等について適切な対応を求められると説明されている。

上記(ア)については、アナリスト・レポートの公表を制限する旨の伝達行為をすべて禁止することを求めているのではなく、協会員は、アナリスト・レポートの公表を制限する旨を伝達する場合の当該情報等が示唆情報等となり得ると考えられることを理解したうえで、自社の業態、社内組織や規模等に応じて、どういう場合に公表の制限を行うのか、また、制限を行うことを伝達した場合の当該情報および伝達を受けた者（アナリスト）に対する管理について、社内規則等で規定することを求められると説明されている。

上記(イ)の「伝達することにより法人関係情報の存在を推知し得る場合」に該当するかについては、個別具体的な事例に即して実質的かつ総合的に判断されるものであり、該当すると判断した場合には、所定の手続に則して伝達を行うとともに、伝達後の情報管理等についても適切に対応することを求められると説明されている。

④　「関連情報」

第3に、「現時点で法人関係情報ではないが将来法人関係情報となる蓋然性の高いと考えられる情報」と「示唆情報等」をあわせて「関連情報」とされている。

⑤　市場における噂や新聞記事

第4に、市場における噂や新聞記事それ自体のみを伝達する際、伝達者が当該噂や新聞記事にかかる情報に接する法人関係情報または示唆情報等を取得していない場合は、当該情報は「示唆情報等」に含まれないと考えられる。

⑥　「法人関係情報等」

第5に、上記に示した各種情報について、たとえば、「法人関係情報等」として一括して管理することを妨げるものではない。

⑦　私　　見

私見では、増資インサイダー取引事案においてインサイダー取引として摘発された事実関係をふまえると、「関連情報」も「法人関係情報」、さらにはインサイダー情報（未公表の重要事実）に該当し得ることから、不正な情報伝達行為・取引推奨行為が行われないようにするためにも、「法人関係情報等」（法人関係情報または法人関係情報に該当するおそれのある情報）として実務上一括して管理することが望ましいものと思われる。

(5) 社内規則における規定事項

「協会規則の考え方」では、協会規則４条各号で掲げる社内規則で規定すべき事項は、必ずしも全社的に適用される社内の規則にすべてを規定するのではなく、協会員の業態、社内組織、規模等に応じて、たとえば、特定の部門に適用される規程や具体的方法等に関し社内ガイドライン等で規定することも考えられ、また、協会規則４条各号で掲げる事項の内容を包括的に社内規則等に規定することも考えられる。

社内規則で規定すべき事項については、協会員の業態、社内組織、規模等に応じて、たとえば、［表３］に示される事項について規定することが考えられるとされている。

［表３］　社内規則で規定すべき事項（例）

【協会規則４条１号：法人関係情報を取得した際の手続に関する事項】
・取得者（役員・職員の場合それぞれ）が報告する事項（取得した情報の内容、取得日時、情報の提供元等）
・取得者が報告すべき相手（管理部門の長、部店長等）
・取得者が報告する方法（社内システム、報告文書等）
・報告を受けた者が行うべき行動（更なる上位者への報告、取得者への指示等）
【協会規則４条２号：法人関係情報を取得した者等における情報管理手続に関する事項】
・協会規則６条に関する「協会規則の考え方」に示す事項につ

いて、協会員の業態、社内組織、規模、立地、システム環境等に応じて、具体的に規定することが考えられる。
・このとき、法人関係部門における管理、管理部門における管理又は他の部門における管理の手続や方法が異なる場合は、必要に応じて、それぞれについて規定することが考えられる。

【協会規則4条3号：管理部門の明確化及びその情報管理手続に関する事項】

・管理部門の明確化とは、法人関係情報の管理を誰が責任をもって行っているかを周知徹底することを指し、できる限り具体的に担当部署又は役職者を指定することが考えられる。たとえば、内部管理全般を管理する部署（例：コンプライアンス部）のうち、特定のセクション（例：法人関係情報管理課）がその任に当たる場合は、その部署又は役職者（例：法人関係情報管理課長）を指定することなどが考えられる。
・管理部門における情報の管理手続は、協会規則6条に関する「協会規則の考え方」に示す事項に準じて規定することが考えられる。

【協会規則4条4号：法人関係情報の伝達手続に関する事項】

・不公正取引を防止する観点から、法人関係情報は、業務上必要な場合において所定の手続（例：管理部門の承認等）に則るときを除き、伝達を行ってはならないものと考えられる。このような点に留意して、法人関係情報の伝達手続について、社内規則等を定めることが考えられる。

【協会規則4条5号：法人関係情報の消滅又は抹消手続に関する事項】

［法人関係情報の消滅例］
・発行体等が当該情報について開示書類等により公表した場合
・発行体等から当該情報に係る案件の中止の決定について連絡を受けた場合
［将来法人関係情報になる蓋然性が高いと考えられる情報として管理している場合］
・相当な期間（具体的な期間については協会員が規定する）を経過したにもかかわらず、当該情報に係る案件について法人

関係情報となるような具体的な進展がみられず、かつ合理的に判断した結果、投資判断に影響を及ぼすような情報として認められない場合は、当該情報を抹消することが考えられる。

［発行体等から法人関係情報及び将来法人関係情報となる蓋然性が高い情報を取得した者及び管理部門］

・管理している情報が公表されていないか、又は当該案件が中止されていないか等、当該情報の管理を解除する状態にないかを定期的に確認する必要があると考えられる。

［法人関係情報及び将来法人関係情報になる蓋然性が高いと考えられる情報の消滅又は抹消手続（例）］

・当該情報の消滅を知った場合の報告方法（社内システム、報告文書等）

・管理部門における当該情報の抹消方法

・当該情報の登録内容の適宜の見直し（一部抹消等）

【協会規則４条６号：禁止行為に関する事項】

・法人関係情報は、業務上必要な場合において所定の手続に則るときを除き、社内及び社外ともに伝達禁止である旨

・関連情報についても、業務上必要な場合において所定の手続に則るときを除き、社内及び社外ともに伝達禁止である旨

（注１）「業務上必要な場合」及び伝達に必要な所定の手続については、協会員の業態、社内組織、規模等に応じて、たとえば、法人関係部門内での情報伝達の場合やM＆A業務における社外の関係者への情報伝達の場合等についてあらかじめ規定することが考えられる。

（注２）法人関係情報・関連情報を市場における噂や新聞記事として伝達する場合を含む。

・管理部門・法人関係部門以外の部門の者から管理部門・法人関係部門に対して、法人関係情報・関連情報（対象とする関連情報の範囲は協会員が必要に応じて規定する）について不正な情報追求や詮索を行ってはならない旨、及び管理部門・法人関係部門の者は、当該情報追求や当該詮索に対し回答してはならない旨

・アナリストに対して、法人関係情報・関連情報の有無を詮索

する行為（社内の規則や業務フロー等に応じてどのような行為が該当するかを規定する）としてはならない旨、及びアナリストは、当該詮索に対し回答してはならない旨

・法人関係情報・関連情報に基づいて、自己の取引（トレーディング）を行ってはならない旨

・役職員は、法人関係情報・関連情報に基づいて、自己投資を行ってはならない旨

・顧客に対して法人関係情報・関連情報を提供して勧誘を行ってはならない旨

【協会規則４条７号：その他協会員が必要と認める事項】

・調査部門（又はアナリスト）に対する営業部門からの照会及び回答に関する手続

・顧客から不当な情報提供要請があった場合の対応について

これらのうち、協会規則４条５号関係の「将来法人関係情報になる蓋然性が高いと考えられる情報として管理している場合の抹消」については、①相当な期間の経過、②具体的な進展がない、および③合理的な判断の３つの要素により、登録した情報を抹消することが考えられると説明されている。

また、協会規則４条６号関係の「業務上必要な場合において所定の手続に則るときを除き」については、顧客企業と守秘義務契約を締結していること、または伝達を行う相手が法令上の守秘義務を負う者であることのみを理由として、「所定の手続に則った」ことには必ずしもならず、顧客企業と守秘義務契約を締結している者や法令上の守秘義務を負う者に対しての伝達について、そのつどの手続を要することなく可能とする場合には、たとえば、その旨や伝達対象となる者の

範囲などを社内規則等で明確に定めるなどの方法が考えられると説明されている。

⑹ チャイニーズウォール

大手金融機関等（証券会社・信託銀行など）は、インサイダー情報（未公表の重要情報）を管理してインサイダー取引の未然防止を図るため、チャイニーズウォールと呼ばれる情報管理態勢を整備している。チャイニーズウォールは、法人関係情報を保有する営業部門など（プライベート部門）と上場会社等の特定有価証券等の売買等を行う純投資部門・政策投資部門や自己売買部門など（パブリック部門）との間で設けられる。

外資系金融機関の場合、「コントロール・ルーム」と呼ばれるコンプライアンス部署が、法人関係情報が登録された「ウォッチ・リスト」と呼ばれるデータベースを管理する。経営の観点から法人関係情報を知るべき立場にある監督者には「アバッブ・ザ・ウォール（壁の上）」の地位が与えられる。投資銀行部門など、法人関係情報を恒常的に扱う部門の役職員には「ビハインド・ザ・ウォール（壁の内側）」の地位が与えられる。業務上の必要性からコントロール・ルームが承認して法人関係情報をチャイニーズウォールの外側にいる者に伝達する「オーバー・ザ・ウォール（壁越え）」の手続が設けられている。

チャイニーズウォールが適切に整備・運用されている場合

には、同一法人内の営業部門などでインサイダー情報が保有されていても、特定有価証券等の売買等を指示した者がインサイダー情報を知らなかった場合には、基本的にインサイダー情報を知って売買等をした場合に該当せず、インサイダー取引は成立しないと解される。この点について、インサイダー情報の管理部門が当該売買等を停止させるべきであり、停止させなかった場合には「知った」者の不作為による売買等に該当し得るとの議論があるが、脱法目的の場合以外にはここまで考える必要はない。

ただし、平成24年には、上場会社の公募増資をめぐり金融商品取引業者のチャイニーズウォールを通じた情報管理態勢の有効性が問われた事案がみられた。社内における業務上必要でない相手方への情報開示をしない旨の「知る必要の原則」の周知徹底やオーバー・ザ・ウォールの手続の厳格な運用などが求められる。

協会規則６条（法人関係情報の管理）は、チャイニーズウォールの整備を求めるものといえる。

⑺　モニタリング

「協会規則の考え方」では、協会規則７条に定める「定期的な検査等のモニタリング」とは、協会員の業態、社内組織、規模等に応じて、たとえば、次のようなものが考えられるとされている。

①　検査等を担当する部署が行う定期的なまたは臨時の検

査等

② 法人関係部門またはその管理を行う部門等が行う定期的なまたは臨時の点検（いわゆる「自店検査」等）

③ 法人関係部門またはその管理を行う部門等が行う日常的な点検

上記①の検査等を担当する部署が行う定期的な検査等のサイクルは、協会員の業態、社内組織、規模等に応じて設定することが考えられる。たとえば、検査等のサイクルが一定期間以上（協会員の規模等に応じ、たとえば１年超）の間隔となる場合には自店検査や日常的な点検等をあわせて行うことにより、モニタリング態勢を構築することも考えられる。

上記②の自店検査や上記③の日常的な点検としては、たとえば、法人関係部門の管理者等が、協会規則６条で規定する法人関係情報の管理について、「協会規則の考え方」に沿った適切なものとなっているかについて、協会員の業態、規模、社内組織、システム環境等を勘案し、書類の保管、アクセス権限の設定、通話記録および電子メール等について、随時サンプル調査を行うこと等が考えられる。

管理部門および法人関係部門以外において法人関係情報の管理が必要となる場合は、管理責任者を設けたうえで当該法人関係部門等におけるモニタリングの考え方に準じた対応を行うことが考えられる。

4 日本投資顧問業協会の取組み

日本投資顧問業協会は、増資インサイダー取引事案を受けて、会員である投資運用業または投資助言・代理業を行う金融商品取引業者によるインサイダー取引を防止するため、平成25年２月27日付で、自主規制ルールである「内部者取引の未然防止についてのガイドライン」（昭和63年９月28日付理事会決議）を改正した。主要改正点は、次のとおりである。

① 会員は、法人関係情報またはそれに該当するおそれのある情報を知り得る可能性のある者に対し、当該情報を提供するよう働きかけをしてはならない。

② 会員は、有価証券等の取引にかかる発注先である証券会社の評価・選択にあたって、法人関係情報またはそれに該当するおそれのある情報の提供の有無・内容を考慮してはならない。

③ 会員の役職員は、有価証券等の取引にかかる発注先の役職員から社会通念上妥当な範囲を超えた接待や金銭・物品の供与等を受けてはならない。

【主要参考文献】

[単行本]

内部者取引規制研究会編著『一問一答 インサイダー取引規制』（商事法務研究会、1988）

野村證券編著『事例 インサイダー取引』（金融財政事情研究会、1988（新版1990））

横畠裕介『逐条解説 インサイダー取引規制と罰則』（商事法務研究会、1989）

東京弁護士会会社法部編『インサイダー取引規制ガイドライン』（商事法務研究会、1989）

三國谷勝範編著『インサイダー取引規制詳解』（資本市場研究会、1990）

服部秀一『インサイダー取引規制のすべて』（商事法務研究会、2001）

松本真輔『最新インサイダー取引規制』（商事法務、2006）

木目田裕監修・西村あさひ法律事務所・危機管理グループ編『インサイダー取引規制の実務』（商事法務、2010）

[論文等]

大橋一成「外資系金融機関の利益相反管理の考え方と実務の実際」金融法務事情1850号24頁（2008）

「特集インサイダー取引規制と未然防止態勢整備」金融法務事情1866号41頁（2009）

大崎貞和「インサイダー取引規制見直しに関する金商法改正法案」野村総合研究所内外資本市場動向メモ227号（2013年5月）

中村聡「インサイダー取引規制の平成25年改正と実務上の諸問題」商事法務1998号28頁（2013）

中村聡「インサイダー取引規制における情報伝達・取引推奨行

為規制の導入」金融法務事情1971号４頁（2013）
宮下央「金商法改正によるM&A実務への影響―インサイダー取引規制の改正を中心に―」金融法務事情1972号６頁（2013）
「特集１　インサイダー取引規制強化への対応」ビジネス法務2013年８月号
納富寛＝森本健一「公募増資に係るインサイダー取引に関する日本証券業協会による自主規制規則等における対応」商事法務2002号８頁（2013）

［審議会］
金融審議会インサイダー取引規制に関するワーキング・グループ第１回～第７回資料・議事録（平成25年７月31日～12月25日）
金融審議会投資信託・投資法人法制の見直しに関するワーキング・グループ」第10回資料・議事録（平成25年10月12日）

［国会］
衆議院財務金融委員会会議録（平成25年５月21日、５月22日、５月24日）
参議院財政金融委員会会議録（平成25年５月30日、６月４日、６月６日、６月11日）

最新インサイダー取引規制
——平成25年改正金商法のポイント

平成25年8月8日　第1刷発行

著　者　松　尾　直　彦
発行者　倉　田　　　勲
印刷所　図書印刷株式会社

〒160-8520　東京都新宿区南元町19
発　行　所　一般社団法人 金融財政事情研究会
編 集 部　TEL 03(3355)2251　FAX 03(3357)7416
販　　　売　株式会社 き ん ざ い
販売受付　TEL 03(3358)2891　FAX 03(3358)0037
URL http://www.kinzai.jp/

ISBN978-4-322-12374-6